MZAlpha에 들려주는

# 성공잡설

**허두회** 지음

# Prologue

지난 10여년간 직간접적으로 '사회적 가치'와 관련된 일들을 해 왔습니다. 조직의 대외협력 업무, 연구소의 연구 프로젝트, 조직 구성원 대상 교육 프로그램 기획·구성·실행 등 다양한 측면에서 '사회적 가치'를 접할 수 있었습니다. 하지만 최근까지도 명확하게 그에 대한 이해와 실행이 나에게 어떤 영향을 주고 있는지 잘 알지 못했습니다.

그러던 중 주변 지인들의 권유로 그간의 경험을 책에 담아 볼까 하는 엄청난 생각을 하게 되었죠. 처음에는 금방 정리할 수 있겠다고 생각했고, 그래서 참 쉽게 시작했습니다. 그런데 오산이었습니다. 많은 저자들이 서문에서 얘기했던 '엄살'이 거짓이 아닌 '참'이었다는 것을 이 책을 쓰는 과정 내내 확인할 수 있었습니다. 차 한 잔이나 식사하면서 편하게 얘기하고 토론했던 내용들을 글로 표현하는 것은 정말이지 '일상'의 수준은 훨씬 넘는 고난도 작업이었습니다.

밖에는 뛰어난 학자들의 수준 높은 책들도 많이 있습니다. 그 책들이 포함하지 못한 것도 거의 없습니다. 이런 상태에서 '어떤 내용을 담아야 차별적인 영감을 줄 수 있을까' 하는 것이 최대 질문이었습니다. 사실은 '그런 것을 위해 담을 콘텐츠가 있기는 하나' 와 같은 본질적인 질문도 저를 많이 괴롭혔죠. 그런 와중에 최근에 진행했던 연구에서 영감을 얻을 수 있었습니다. '구성원에 대한 전문적 콘텐츠 교육과 기업의 성과 간에 긍정적 상관관계가 있다'는 연구였습니다. 이 결과에서 '사회적 가치에 대한 교육과 개인의 성공' 사이에도 긍정적 관계가 있을 수 있겠다'는 생각을 하게 되었습니다. 그래서 관련된 연구 결과를 찾아보고 '유레카!!!'를 외쳤습니다. 상관관계가 있다는 것이었습니다.

　그러면서 제 자신의 커리어를 한번 둘러봤습니다. 크게 성공적인 커리어라고 할 수는 없겠지만, 그래도 지속적인 상승 곡선을 그려온 인생 정도는 된다고 생각합니다. 여기서 '그렇다면 나는 '사회적 가치' 철학 기반의 생각을 갖고 살아왔을까' 하는 것이 핵심 질문이었습니다. 지금에 와서 객관적으로 보면 좌충우돌하면서 의미 없는 시간을 보낸 적도 있었습니다만, 위기라고 여겨질 만한 상황이나 시기에는 요즘 말로 '꺾이지 않는 마음'으로, '큰 목적을 놓고 전열을 재정비해서 다시 시작'하곤 했던 것 같습니다.

　목적!!! 이 책에서 사회적 가치와 관련된 가장 중요한 말입니다. 그나마 저도 미미하나마 목적이 있었기에 버텨내고, 극복하고, 이어 나가 끝내 성취를 이뤄낼 수 있었던 겁니다. 그렇게 대단한 성공도 아니었지만 그래도 '목적'이 있어 가능했던 결과라 생각합니다. 이 '목적'은 반드시 거창할 필요는 없습니다. 작아도 됩니다. 왜냐하면 시간이 지나면서, 경험이 쌓이고 식견이 높아지면서, 자연스럽게 '목적'도 여러분들의 수준에 맞게 진화해 나가기 때문입니다. 유치원생이 '세상의 환경위기 극복을 위한 글로벌 시민단체를 구성해서 적극적인 활동을 하겠다'는 식의 '목적'을 세우는 건 일반적으로 어울리지 않습니다. '놀이방 깨끗하게 청소하기' 정도는 가능할 수도 있겠죠. 하지만 그런 생각을 하는 어린이가 시간이 지나게 되면서 글로벌 환경보호 시민단체를 구성할 수 있는 사람으로 성장하는 것은 충분히 상상할 수 있는 그림입니다.

그래서 거창하지는 않지만, 그리 어렵지 않은 수준에서 시작해서 계속 진화·발전할 수 있기를 바라는 마음으로 이 책을 썼습니다. 내용도 형식적인 교과서나 자가계발서같이 쓰지 않았습니다. 에세이는 아니지만, 쉽게 읽으면서 생각해 볼 수 있게 쓰려고 무던 애를 썼습니다. 저의 글 솜씨 한계 때문에 중간중간 이상할 수도 있겠지만, 부디 이 노력을 가상히 여겨 즐겁게 읽어주시기 바랍니다.

그래도 '어떻게 하면 성공적인 인생을 만들어갈 수 있을까'가 핵심 질문 중 하나인 만큼 그에 대한 Instructive한 부분을 포함했습니다. 그 부분에서 '사회적 가치'를 기반으로 어떻게 '성공'적인 인생 커리어를 만들고 계속 끌고 나갈 수 있을지를 보여주는 간단한 Framework도 소개합니다. 이것이 절대적인 기준은 결코 아닙니다. 기본적인 이론적 틀에 제가 살아오면서 얻은 경험, 특히 지난 5년간의 교육 프로그램 기획, 운영 경험을 얹어 구성한 Framework입니다. 독자 여러분들은 여러분의 경험과 식견에 맞게 그 Framework를 보완하거나 자의적으로 구성하셔도 됩니다. 다만, '사회적 가치, 목적 그리고 성공이 연결된다'는 전제만 잊지 않으시면 됩니다.

한 가지 부탁드린다면, 책을 읽으면서 '닥터 호이는 왜 저런 말을 했지? 왜 저게 좋다고 하지? 저 사례를 보여주는 의미는 뭐지?' 와 같은 다양한 의문을 스스로 해 보시기를 부탁드립니다. 뇌과학자들이 말하길, '단순히 읽고 이해하는 것으로는 뇌에 저장되지 않는다. 그 내용을 반복적으로 여러 번 곱씹어 봐야 나만의 언어로 뇌에 저장할 수 있다'고 합니다. '사회적 가치', '목적', '성공'과 같은 것들은 단순히 이해하고 따라 한다고 해서 설정하거나 이룰 수 있는 게 아니더라구요. 의문 제기, 토론 등을 통해 여러 번 반복해서 건드리고 난 뒤에 가능해집니다.

모쪼록 이 책이 독자 여러분들이 '사회적 가치' 철학 하에 '목적' 있는 인생 경로를 거쳐 '궁극의 성공'까지 이뤄내는 데에 도움이 됐으면 좋겠습니다. 저는 이 책이 독자 여러분의 개인 프로젝트를 Trigger하는 걸로 족합니다.

여러분들이 더 많이 성공할수록 우리 환경, 사회는 더욱 살기 좋아질 것입니다.

# 추 천 사

"인생에서 가장 중요한 두 날이 있다. 자신이 태어난 날, 그리고 왜 태어났는지 깨닫는 날이다." 마크 트웨인이 남긴 말이다. 이 책은 청소년들이 자신이 태어난 이유를 생각하며 목표를 탐색하도록 도움을 주는 내용을 담고 있다. 허두회 박사는 돈을 많이 벌거나 높은 자리에 올라가야만 성공하는 것이 아니라고 주장한다. 성공이라는 개념을 넓히면, 열정적으로 추구할 만한 가치를 추구하거나, 우리가 사는 사회를 보다 나은 곳으로 만들기 위해 노력하는 삶 또한 성공적인 삶이다. 저자는 사회적 가치를 추구하는 것이 도덕적 의무라는 당위론을 이야기하지 않고, 그렇게 사는 것이 자신에게 이득이 된다고 주장한다. 읽다 보면 제시된 다양하고 흥미로운 증거에 설득된 자신을 발견하게 된다.

저자는 기업도 사회적 가치를 추구해야 성공한다고 말한다. 그래야만 기업은 지속가능성을 높이고, 브랜드 가치를 향상시키며, 그 결과로 기후 변화나 환경 오염, 또는 저출산 등과 같은 사회적인 문제를 해결하는데 기여한다고 주장한다.

쉽고 재미있으나 결코 가볍지 않은 메세지를 담은 이 책은 삶의 목표를 세우지 못한 청소년들과 기업의 ESG 관련 업무를 하는 분들이 그 업무의 깊은 의미를 깨닫기 위해 꼭 읽어야 할 책이다. 작은 책이 큰 사회 변화를 이끌어 내어 "더 살기 좋은 세상"을 만드는데 기여하기를 기대해 본다.

**– 김용학 (전) 연세대 총장, (현) SK텔레콤 사외이사**

의사로서 나는 늘 건강을 단지 육체의 상태가 아니라, 삶의 태도에서도 비롯되는 결과라 본다. 그런 의미에서 이 책은 개인의 정신적 회복과 사회적 관계 회복을 동시에 가능케 하는 귀한 안내서라 할 수 있겠다.

허두회 박사는 경쟁이 아닌 공존, 결과보다 과정의 의미를 통해 '가치 있는 삶'이 어떻게 개인의 지속 가능한 성공으로 이어지는지를 명확히 설명한다. 이는 오늘날 정신적 고립에 시달리는 현대인들에게 특히 절실한 메시지다.

현장에서 만나는 많은 사람들은 삶의 방향을 잃고 방황한다. 그런 이들에게 이 책은 단지 사회적 조언이 아니라, 마음의 건강을 회복할 수 있는 현실적인 실천 전략의 하나라 생각한다. 목적을 잃은 현대인에게 '가치'는 곧 회복의 키워드이기 때문이다.

나는 이 책이 단순한 윤리 담론이 아니라, 삶의 의미를 되찾고 싶은 모든 이들에게 실질적 도움을 주는 회복의 텍스트라고 믿는다.

**– 오한진 (현) 을지대학교병원 교수, 대한갱년기학회 회장**

추천사

군인의 삶을 살아온 나는, 진정한 리더십은 능력보다 태도와 책임감에서 비롯된다는 사실을 수없이 목격해왔다. 그런 점에서 이 책은 매우 실용적이고 시의적절하다. 허두회 박사는 사회적 가치를 중심에 둔 리더십의 필요성을 강조하며, 공동체의 지속가능성과 개인의 성공이 어떻게 연결되는지를 구체적으로 보여준다. 조직이 생존하려면 구성원이 공감하는 가치가 있어야 하고, 그 가치는 리더로부터 시작된다.

나는 현재 리더 교육에 힘쓰고 있다. 그 관점에서 이 책은 일선 지휘관은 물론 청년 리더에게까지도 강력한 영감을 줄 수 있는 텍스트다. 경쟁 중심의 리더십이 아니라, 공존과 협력에 기반한 리더십이 미래를 이끌 것임을 이 책은 명확히 보여준다.

특히 청년 세대가 자신의 리더십을 재정립할 수 있는 계기를 이 책을 통해 얻을 수 있으리라 믿는다. 사람 중심의 조직, 가치 중심의 리더십을 꿈꾸는 모든 이에게 이 책을 자신 있게 권한다.

**– 이철휘 (전) 육군대장, (현) 긍정의힘 교육문화 연구회 이사장**

누군가의 세상을 훼손하지 않으면서 충분히 즐겁게 사는 법

닥터 호이가 들려주는 이야기는 '열정'이나 '도전'같은 말로 덜컥 등을 떠미는 격려가 아니다. 대신 청년 독자가 스스로 방향을 찾도록 돕는 안전한 동행에 가깝다. 거창한 담론 대신 일상 속 선택—오늘 무엇을 소비하고, 어떤 일을 꿈꿀 것인가—에서 변화가 시작된다고 생활밀착형 조언을 슬며시 내민

다. '어제보다 덜 해롭고 오늘 더 즐거운 선택'이 어떻게 현실이 되는지 보여준다. 문체가 경쾌해 페이지를 넘기기 쉽다. ESG가 낯선 10대 · 20대라면, 이 책을 통해 소비 · 진로 · 투자까지 삶의 언어가 한층 확장되는 경험을 할 것이다. 이 책을 덮고 나면, '어른다운 어른'이란 풀리지 않던 숙제가 사실은 매일의 작지만 선명한 선택으로 완성되는 퍼즐임을 깨닫게 된다. 그리고 충분히 즐겁지만 동시에 멋지게 성공하는 자신을 상상하게 될 것이다.

운 좋게 닥터 호이의 멋진 성공 이야기를 먼저 접하고서….

**– 권우실 (현) 스타트폴리오 대표, 대한상의 여성기업위원회 위원**

# 이야기순서

MZAlpha에 들려주는 성공철설

## [PART 3] 성공의 Secret Key!

# 이야기순서

## [PART 4] 무조건 해보는 거야!

# 들어가며

## 우리는 오늘을 왜 살고 있는가?

우리는 어디에 살고 있는가?

그 어디에선가 '왜' 살고 있는가?

그 '왜'를 위해서 '어떻게' 살고 있는가?

일면 매우 철학적인 질문일 수도 있습니다. 그러나 여기서 가고자 하는 방향은 아닙니다.

그래도 연관해서 생각해 봐야 할 철학적 얘기 하나 짚고 넘어가 보겠습니다.

수천 년 전 아리스토텔레스는 '인간은 사회적 동물'이라고 했습니다. 이 말은 여러 의미를 함축하고 있죠.

- 인간은 공동체 생활에 의존한다
- 인간은 상호 작용과 협력을 통해 삶의 질을 높일 수 있다
- 인간은 사회와 공동체 내에서의 관계와 역할을 통해 진정한 의미와 가치를 발견할 수 있다
- 인간은 타인과의 관계 속에서 자신의 능력을 발휘하고, 정체성을 구축하며, 더 나은 삶을 추구한다.

수천 년 전 철학자가 한 말이 오늘날에도 그대로 유효합니다.

최근에는 유발 하라리가 '호모 사피엔스'에서 비슷한 말을 했습니다. '호모 사피엔스인 현 인류가 여타 유사 종들(네안데르탈인, 덴소바인, 호모 헤이델베르겐시스, 호모 에렉투스, 호모 하빌리스 등)을 제치고 생존에 성공했습니다. 성공의 핵심 요소는 '상호 소통' 및 '상호 협력' 능력이 뛰어났다는 점이었다'고. 이 능력을 바탕으로 인류는 정보의 효과적 전달, 사회적 관계 구축, 집단 내 협력 강화 등을 이뤄냈습니다. 이로써 인류는 집단적 학습과 문화적 진화를 촉진할 수 있었고, 결국 다른 종보다 우월한 전략으로 생존에 성공한 것입니다.[1] 결국 '인간은 사회적 동물'이라는 말과 일맥상통합니다.

이런 맥락에서 보면 서두에 던진 질문에 대한 대답은 아마도 다음과 같지 않을까요?

"우리는 **사회**라는 무대에서 개인적 **생존(혹은 성공)**하기 위해 소통과 협력을 기반으로 **온갖 노력을 다하며** 살고 있다"고. 독자 여러분은 '과연 그런가?' 하는 의문이 들지 않으시나요?

오늘날 사회 구조의 본질도 위에 말한 아리스토텔레스가 말한 '사회'의 의미가 그대로 투영되어 있습니다. 우리는 여러 형태의 '사회 구조'를 영위하며 살아가고 있습니다. 가족, 이웃, 동네, 지역, 국가와 같은 집단을 이루고서. 매일매일 서로 소통하고 협력하면서 삶을 그려가고 있습니다. 그 누구도 거의 예외는 없습니다. 우리가 상상할 수 있는 미래에도 이런 구조는 그대로 갈 것이 명백합니다.

그런데 이런 사회 속에서 우리는 다양한 사람들을 목격할 수 있습니다. 성

---

1) 유발 하라리, '호모 사피엔스' 2018

공한 사람 vs 실패한 사람! 리더 vs 팔로워, 행복한 사람 vs 불행한 사람, 부자 vs 거지, 똑똑한 사람 vs 아둔한 사람 등등등.

다 같은 호모 사피엔스인데, 다 같이 노력하고 있는데 왜 이렇게 사람마다 다른 모습을 갖게 되는 걸까요? 무대는 같더라도 목적이 다르거나, 그 목적 달성을 위한 노력의 방법이 다르기 때문은 아닐까요? 앞서 제기했던 의문과 연결되는 질문들입니다.

이 질문에 대한 가능한 대답 중 하나를 찾아가는 것이 이 책의 주요 목적 중의 하나이기도 합니다.

그 여정에서 우리 머릿속이 새겨야 할 중요한 키워드는 네 가지로 요약해 볼 수 있습니다.

**사회! 목적! 노력 방법! 그리고 성공!**

한 문장으로 풀어본다면

'이 **사회**에 대한 이해를 바탕으로 삶의 **목적**을 세우고
필요한 **방법**들을 활용해서 **성공**적인 삶을 지속한다'

라고 말할 수 있습니다.

위의 핵심 문장의 의미를 잘 이해하기 위해서는 무엇보다도 모든 논의의 시발점인 성공에 대해 제대로 이해하는 것이 중요합니다. 사람마다, 상황마다, 시절마다 '성공'이란 것은 다른 얼굴을 하고 있기 때문입니다.

우선 성공을 어떻게 봐야 하는지, 또 어떻게 정의하는지부터 살펴보겠습니다.

PART

01

# 성공 여정의 생기초

# 삶에서 '성공'이란?

[성공의 정의]

  사람마다 성공에 대한 정의는 조금씩 다를 것입니다. 하지만 누구나 원한다는 것은 부인할 수 없는 사실입니다. 나의 성공! 내 아이의 성공! 내 남편, 내 아내의 성공! 여러분들은 스스로 성공을 어떻게 정의하고 있습니까? 좋은 학교 들어가기? 좋은 직장 들어가기? 직장에서 승진하기? 어떻게 하든 돈 많이 벌기? 영끌해서 내 집 사기?

출처: Made by Dall-E (Open AI)

  남들한테 칭찬받기? 존경받기? 남들 위에 군림하기? 내가 좋아하는 것 하면서 돈도 벌기? 프로게이머? 이이돌? 스포츠 플레이어? 연예인? 세프?

　세상에는 사람의 수만큼이나 성공에 대한 정의도 다양합니다. 구체적인 모습도 개개인별로 그 형태나 정도가 다른 게 일반적입니다. 그 모두가 옳은 정의일 수 있습니다. 그리고 무엇보다 중요한 점은 성공은 개인별로 '상대적'으로 정의된다는 것이다.[1] 이유는 다양합니다. 개인마다 모두 다른 개인적 상황, 주변 환경, 시기, 지역 기반 등 다양한 사항들의 영향을 받기 때문입니다. 또한 스스로 주관적으로 설정하는 '목적'과 '목표'가 상이한 것도 중요한 요인입니다. 이 모든 개별성에도 불구하고, 성공을 무엇으로 정의하고 있는가는 '목적'을 수립하는 데에 매우 중요한 역할을 합니다.[2]

　누구나 원하는 이 성공이 참 어렵습니다. 어떤 것이든, 어떤 모습이든 결코 쉽게 얻어지지 않습니다. 한순간에 갑자기 얻어지는 것도 아닙니다. 우리 모두 알고 있고, 그러면서도 모두 성공을 원하고, 추구하고 있습니다.

　그런데 그 모든 다른 모습의 공들은 그 '형태나 수준'과는 상관없이 그 자체로 '멋진 성공'이어야 합니다. 왜 그래야 하는지에 대해 아래에서 정의와 더불어 살펴보겠습니다.

## [성공의 개념적 정의와 개별적 정의(End mage)]

　'성공'의 형식적인 정의는 무엇일까요?

---

1)　Lorraine Dyke & Linda Duxbury, 'The implications of subjective career success', *Zeitschrift für ArbeitsmarktForschung*, volume 43, pages219–229 (2011)

2)　여기서 언급된 '목적'은 이 책의 주제와 관련된 매우 중요한 용어로, '세번째 이야기'편에서 자세히 다루기로 한다.

포괄적으로 성공은 개인의 목표 달성, 자아실현, 또는 주어진 기준에 따른 성취의 상태로 정의할 수 있습니다. 이는 단순히 경제적 이득이나 사회적 지위의 획득 같은 객관적 요소뿐만 아니라, 개인의 가치관, 열정, 그리고 삶의 만족도 같은 주관적 요소와도 깊이 연결된 다차원적인 개념으로 이해할 수 있습니다.

- 개인적 성취: 개인이 설정한 목표나 꿈을 실현하는 과정에서 느끼는 만족과 성취감.
- 사회적 인정: 사회적, 전문적 성공을 통해 타인으로부터 인정받는 것.
- 자아실현: 자신의 잠재력을 최대한 발휘하고, 자신만의 가치와 믿음에 따라 삶을 살아가는 것.
- 지속 가능성: 단기적 성공을 넘어서 장기적으로 지속 가능한 발전과 성장을 이루는 것.
- 균형: 경제적, 사회적 성공과 개인적 행복 및 만족도 사이의 균형을 찾는 것.

앞서 언급했듯이 성공의 정의는 개인마다 다르며, 시간과 상황에 따라 변할 수 있습니다. 어떤 이에게는 사회적 지위의 향상이 성공일 수 있고, 다른 이에게는 내면의 평화와 행복이 진정한 성공일 수 있습니다. 결국, 성공은 개인이 자신의 삶에서 중요하게 여기는 '목적'과 목표, 가치에 따라 그 측정 기준도 달라진다는 점을 기억해야 합니다.

위 정의를 고려하면, 우리가 생각할 수 있는 다양한 성공의 모습은 성공의 구체적 'End Image'라고 할 수 있습니다. 한 개인이 성공하면 누릴 수 있는 것들이거나 (어떤 형태이든) 마지막 성공을 만들기 위한 중간 과정으로 반드시 이루어 내야 할 것들입니다.

성공까지는 수많은 과정이 필요합니다. 과정 없는 성공은? 절대 없습니다.

한 고층 건물의 1층에서 맨 위의 펜트하우스까지 가려면 그 중간의 모든 층을 거쳐 가야 하는 건 누구나 알고 있는 상식입니다.

남들보다 열심히 준비해서 폐활량과 다리 힘이 좋다면 좀 더 빠르게 올라갈 수 있겠지만, 그래도 중간 모든 층을 다 거쳐 가야 합니다.

이때 중요한 사실은 중간 과정을 거쳐 가는 방법은 각자 준비된 상태에 따라 다르다는 점입니다. 걸어 오르든지, 엘리베이터를 타든지, (헬기 같은 것을 타고) 날아오르든지... 개개인의 준비된 정도에 따라 목적지까지 도달하는 데에 소요되는 시간과 노력과 고통의 수준도 다 다르게 나타나게 되는 것이죠. 준비 정도가 최악이면 아예 그 건물에 들어가지 못할 수도 있습니다. 만약 노숙자 같은 신세라면 말입니다.

이 책을 읽는 분들 정도면 최소한 그런 경우는 없을 것을 확신합니다. '성공'에 대해서 진심으로 생각하는 분들이니까요.

성공한 뒤에 그걸로 그냥 끝이라면, 혹 남들로부터 비판만 받는다면, 그래서 더 이상 진전이 없다면 그런 성공은 멋진 성공이라 할 수 없습니다. 그런 경우 성공의 노예로 끝날 가능성이 높기 때문입니다.

우리가 추구해야 하는 것은 성공의 주인이 되어야 합니다. 그래야 작은 성공을 계속해서 만들어 내면서 좀 더 나은, 높은, 값진 성공을 지속해서 추구할 수 있기 때문입니다. 어떤 성공이든 제대로 된 '멋진 성공'이라야 "나를 계속 움직이게" 해 줍니다.

여러분들의 성공을 위한 노력에 무엇을 더하면 보다 멋진 성공을 남보다잘 이룰 수 있을까요? 어떤 사람이 이미 성공이라고 하는 것을 중간 과정에필요한 정도로 여길 수 있는 두둑한 '성공력'은 어떻게 기를 수 있을까요? 도대체 이런 차이를 가져오는 것은 무엇일까요?

사실 현실에서는 모두 원하지만 세상에 성공한 사람은 상대적으로 그리 많지 않습니다. 그런데 SNS나 일반 미디어를 통해 보면 '나만 빼고 다 성공'한것 같은 느낌을 받을 수 있습니다. 좋은 차, 좋은 음식, 명품 액세서리, 명품옷, 좋은 집, 멋진 여행 등으로 '성공'적인 삶의 모습을 보여주는 사람들이 정말 많습니다. 이것은 진짜일 수도 있고 가짜일 수도 있습니다. 하지만 뭐가되었든 간에 거기에서 우리가 보는 것은 '결과'이지 과정은 아닙니다.

'허풍'이라고 여기고 그냥 무시할 수도 있습니다만, 독자 여러분들은 좀 다르게 생각해 주길 바랍니다. '성공적인 결과'의 단면을 보여줄 수 있으려면 반드시 '과정상의 피나는 노력'이 있었을 것이라고 생각합시다. 그래야 내가 추구하는 성공을 위한 과정에 좀 더 충실한 자세로 노력과 시간을 투자할 수 있지 않겠습니까?

'저들은 지금까지 나는 하지 않은 노력을 통해
저런 성공을 얻은 것이다. 이제 나도 그런 노력을 하면
저런 결과를 만들어 낼 수 있다'

가고자 하는 방향이 멋지고, 중간 과정도 멋지게 메워 나간다면 여러분들도 '멋진 성공'을 만들어 낼 수 있습니다. SNS에 자랑스럽게 스스로를 내보일 수 있게 될 겁니다. 이렇게 생각해 보면, '멋진 성공'이 흔하게, 쉽게 만들어지는 것은 아닐 것이란 사실에 동의가 되지 않나요?

또 하나의 중요하게 인식해야 할 사실이 있습니다 성공을 이루고 나서 그걸로 그만인 사람들이 있는 반면에 계속해서 승승장구하는, 성공적인 사람들이 있다는 점입니다. 이것은 매우 큰 차이입니다. 왜 그런 차이가 나게 되는지, 승승장구하는 사람들은 어떻게 그리할 수 있는지, 그들의 다른 점은 무엇인지가 궁금합니다.

많은 전문가가 '성공한 사람들의 습관, 특성, 성공을 위한 노하우 등등'에 대해 얘기합니다. 그들이 얘기한 대로 따라 하면 성공할 수 있을까? 그것들이 충분조건은 아니고 필요조건이긴 하지만, 잘만 따라 하면 성공할 수 있습니다. 하지만 그것을 따라 하는 게 정말 어렵다는 것이 문제입니다.

따라 하기 어려운 이유를 저는 다음과 같이 이해하고 있습니다.

그들은 누군가의 성공 공식을 따라 한 게 아니며,
공식을 만든 것도 아니다. 성장 과정에서 노력하면서
그들만의 '공식이 만들어'진 것이다. '만든 것'이 아니라
만들어졌다'는 점에 유의해야 한다. 그들의 성공 공식은
'목표'가 아니라 '결과'였던 것이다.

과연 무엇의 결과였을까요? 이 질문에 대한 대답이 이 책에서 살펴보고 전달하고자 하는 핵심입니다.

성공 공식이 결과로 만들어지게 된 배경!
성공한 사람들의 삶에 녹아 있는 공통된 특성!
그래서 그들의 DNA 속에 내재화된 장점! 그리고
가장 중요한 '과정상의 지속적인 노력'을 위한 기본!

자세한 설명은 독립된 장에서 따로 하기로 하고 여기서는 핵심 키워드만 언급하고 넘어가겠습니다.

**'사회적 가치', '목적 (Purpose)', '내재화' 그리고 '지속가능성'**

# 두 번째 이야기

# 우리가 사는 '사회'는 무엇인가?

이 책의 도입 부분에서 '사회적 동물'이라는 인간의 본질적 특성에 대해 논의한 바 있습니다. 혼자가 아닌, 남들과 더불어 삶을 영위하면서 성공을 추구하기 위해서는 '사회'에 대한 깊은 이해가 필요합니다. 그 이해가 있은 후에야 '성공의 방향성'과 '목적' 등을 설정할 수 있기 때문입니다.

현대 사회의 본질을 파악하는 것은 사람들이 자신들의 위치를 정확히 파악하고, 사회적 역동성 속에서 자신의 길을 찾는 데 중요합니다. 이런 측면에서 성공적인 삶을 추구하는 현대인들에게 사회는 복잡한 네트워크이자 끊임없이 변화하는 생태계로 이해되어야 합니다.[3] 이 생태계는 경제, 문화, 정치 등 다양한 요소가 서로 영향을 주고받으며 유지됩니다. 이러한 상호작용은 그 속에서 삶을 영위하고 있는 개개인들에게 당연히 직접적인 영향을 미치게 됩니다.

'사회'는 기술의 발전, 글로벌화의 진전, 환경적 변화 등으로 끊임없이 발전하며, 재편되고 있습니다. 이런 사회에서 성공하고 행복해지려면 그 변화

---

3) 사회에 대한 형식적이고 학문적인 정의와 설명들은 다양하게 있다. 여기서의 사회에 대한 정의는 그런 측면에서 형식적 정의와는 약간 거리가 있을 수 있다. 하지만 본질을 벗어나지 않는 범위 내에서 본서의 주제에 어울리는 정도로 정의함을 독자들께서는 이해해주기 바란다.

의 흐름을 파악하고 대응하는 능력은 필수적입니다. 변화에 적응하는 것은 능동적인 학습, 개방적인 사고, 그리고 자기계발을 통해 가능해집니다.

홀로 '자연인'으로 살기 원한다면 '자연의 변화'에만 적응하면 되지만 다른 사람들과 '사회인'으로서 더불어 살기 위해서는 '사회의 변화'에 적응하고 대응해야 하는 것이지요. 과정상의 노력을 통해 사람들은 (개별적인 차이는 있을 수 있지만) 자신만의 가치와 열정을 발견하고, 이를 사회적 차원에서 실현할 수 있는 방법을 모색할 수 있게 됩니다.

'더불어 산다'는 사실은 우리에게 또 다른 중요한 의미를 제공합니다. 성공은 '개인적인 성취' 뿐만 아니라 (더불어 사는 다른 사람들을 위한) '사회적 기여'에서도 찾을 수 있다는 점입니다. 개인의 목표 달성을 넘어 '내가 아닌, 사회를 위한 가치'를 창출하고, 타인의 삶의 질 향상에 기여하는 것! 이타적인 목표 설정과 실행도 성공적인 삶의 중요한 부분이 되는 것입니다. 이런 개인들의 노력과 결과들이 축적되고 융합되면서 우리 사회는 진화하고 발전하게 되는 겁니다.

이를 위해 우리는 자신의 행동과 결정이 사회에 미치는 영향을 고려하며, 다양성을 존중하고, 포용적인 태도를 가져야 합니다. 왜냐하면 이런 생각과 태도가 노력이라는 씨앗을 뿌릴 수 있고 또 좋은 결과치를 수확할 수 있게 해주는 양질의 텃밭이기 때문입니다. 그래야 우리 개인들의 개별적 노력이라는 씨앗이 나의 성공과 사회의 발전이라는 좋은 과실로 연결될 수 있는 겁니다.

여기서 여러분들이 중요하게 인식해야 하는 것은 '사회를 위해 **뭔가를 별도로 해야 한다**'는 **의미가 아니라는** 점입니다. 나중에 좀 더 살펴보겠지만, '목적'에 기반한 개인의 성공과 사회에 대한 기여는 상호 연결되어 있기 때문입니다. 물론 '사회에 대한 기여 의식' 없이도 개인적 성공을 이뤄낼 수 있을 겁니다. 그러나 이러한 성공은 우리가 원하는 '멋진, 지속 가능한 성공'이 될 확률이 높지 않습니다.

그렇다면 '지속 가능한 성공'을 추구한다는 것이 의미하는 바는 무엇일까요? '지속 가능(Sustainable)'이란 개념 자체가 내포하고 있는 중요한 부분은 바로 '시간' 개념입니다. 시간이 흐르더라도 계속해서 동일한, 유지 가능한 혹은 더 나은 상태를 만들어 나가는 것으로 이해하면 됩니다. 따라서 지속 가능한 성공은 일회성 성공이 아니라, 그 성공의 시간에 걸친 지속적인 진화, 발전, 혹은 일련의 이어지는 다수의 성공을 의미할 수 있습니다. 이런 성공은 사회와의 긍정적인 관계가 형성되고 유지되어야 가능합니다.

여기서 좀 더 자세히 따져봐야 하는 중요한 말이 나왔습니다. '사회와의 관계!' 이것이 의미하는 바는 무엇이고, 한 개인이 사회와 어떻게, 어떤 관계를 맺게 되는 것일까요?

사회는 우리들 개인은 물론 개인들이 모여서 만들어진 다양한 주체들이 어우러져 만들어진 집합체입니다. 그래서 우리들이 변하고 그 주체들이 변하면 사회도 변화하게 됩니다. 그 과정에서 우리는 다른 개인들, 다른 주체들(기업, 단체, 행정구역, 도시, 국가 등)과 다양한 관계를 맺게 되는데 이것이 바로 사회와의 관계입니다. 개념적으로는, 한 인간이 태어나 사회에 편입되면서 자연스럽게 생기는 태생적, '비형식적 관계'와 개인의 사회생활이 진행됨에 따라 다양한 주체들과 맺어지는 '형식적 관계'로 나누어 볼 수 있습니다. 유형은 둘이지만, 한 개인이 맺을 수 있는 사회와의 관계의 구체적 형태는 이루 셀 수가 없습니다.

- 부모, 형제, 친구, 선후배 등과 같은 다른 개인들과의 관계
- 학교, 학원, 친목회, 동호회, 직장 등 조직과의 관계
- 주민센터, 경찰서, 정부 부처, 공공기관, 시민단체 등 기관과의 관계
- 시, 도, 국가, 국제기구 등 공공과의 관계

관계는 몇 가지 특성이 있습니다. 타 주체와 어떤 관계를 맺든 그 관계들은 좋은 관계, 나쁜 관계, 중립적 관계로 구분할 수 있습니다. 좋은 관계란 나와 '타 주체' 간에 서로에게 도움을 주는 긍정적 영향을 주고받는 경우이고, 나쁜 관계란 당연히 그 반대 상황을 의미합니다. 두 번째로 '관계'는 대부분 '일방적'이 아니라 '쌍방적'이란 점입니다. 조직이나 Task의 특성상 '일방성'이 강한 관계도 존재합니다만, 대부분의 관계는 '주고받는' 쌍방적 특성을 띠고 있다.

이제 '성공을 위해서는 사회와 긍정적 관계를 형성해야 한다'는 말이 이해될 것입니다. 나를 둘러싼 다른 사람들, 기관들, 조직들과 긍정적 관계를 맺고 있는 사람과 부정적 관계를 맺고 있는 사람을 비교해 본다면 훨씬 쉽게 이해되겠죠?

그렇다면 '긍정적 관계'는 어떻게 맺을 수 있는 걸까요? 다르게 표현한다면, 어떻게 '부정적 관계'를 맺지 않을 수 있을까, 혹은 최소화할 수 있을까요?

'나'와 연결된 개인들이나 조직·기관들에 대해 그 '관계성의 근원적 배경'에 맞게 생각하고 행동하는 것이 출발점입니다. 그러기 위해서는 먼저 타 주체에 대해 제대로 이해하고 협력하는 것이 선행되어야 합니다. 그리고 조직이든 여러 개인이든, 나와 관계를 맺은 그룹이 추구하는 공동의 목표를 향한

'나'의 노력 또한 반드시 필요한 부분입니다.

이렇게 '기본, 필수, 반드시' 등의 단어로 설명하면 뭔가 의무적이고 식상한 것으로 느껴질 수 있습니다. 하지만 독자 여러분들은 그렇게 생각하거나 우려할 필요가 없습니다. 많은 경우에 '사회적 관계'는 쌍방이기 때문입니다. 여러분이 관계를 위해 노력하는 만큼 그에 대한 대가가 주어지기 때문입니다. 대가는 금전, 명예, 권력, 행복감 등등 다양한 형태로 주어집니다. 이런 결과 이미지를 생각한다면 여러분들은 '긍정적 관계' 형성을 위해 '의무감'보다는 '자발적'으로 행동할 수 있게 될 것입니다. 결론적으로 성공적인 삶을 향한 여정은 개인적인 성장과 사회적 진보가 상호 의존적인 관계성을 인식하는 데서 시작된다고 보시면 충분합니다.

이제 '관계'와 관련된 중요한 질문 하나가 남았습니다.

이상의 논의를 되뇌어보면 이런 생각을 할 수 있습니다.

'다양한 주체들과 맺는 긍정적 관계'가
많아질수록 '성공' 가능성이 높아지지 않을까?'

독자 여러분의 생각은 어떠신가요?

제가 의도한 답은 당연히 'Yes'입니다. 사회 내 다양한 주체들과 긍정적인 관계를 많이 형성하고 이끌어 나가는 사람일수록 성공을 이뤄내고 발전시킬 가능성을 높일 수 있습니다.

이렇게만 얘기하고 끝낸다면 여러분들도 나도 멘붕에 빠질 수 있습니다. '어떻게 그 수 많은 관계를 모두 긍정적으로 만들 수 있어?'라고 반문하면서.

맞는 말입니다. 이렇게만 알려주고 행동하라고 한다면. 하지만 '관계'와 관련된 마지막 질문과 그에 대한 대답이 우리를 멘붕에서 벗어날 수 있게 해줄 것입니다. 그 질문은 바로,

어떻게 하면 '긍정적 관계를 '체계적'으로
많이 형성하고 발전시킬 수 있을까?

나와 관계를 맺는 다양한 주체들이 원하는 것은 당연히 다양할 것입니다. 때로는 그들이 원하는 것들이 다른 요구들과 '모순적'인 경우도 있을 수 있습니다. 예를 들어,

부모님과 친구들이 원하는 것: 공부하기 vs 놀기
상사와 동호회 회장: 일 더 하기 vs 동호회 행사 지원.
기획 부서와 자금부서: 대담한 프로젝트 제안 vs 비용 절감.
조직과 사회: 비용 절감 vs 환경 오염 방지

살면서 무수히 경험할 수 있는 평범한 사례들입니다. 이럴 때마다 새롭게 뭔가를 따져보고 관계별로 다른 전략을 설정하는 것도 가능합니다. 하지만 이렇게 하면 방법론상으로도 비효율적이고 일일이 실행과 연결할 때도 무리가 발생할 수 있습니다. 모든 '관계'에서 좋은 결과를 만들어 낸다는 것은 시작부터 무모한 목표일 수 있습니다. 그렇다면 어떻게 해야 할까요? 나만의 '텃밭' 같은 기준이 필요하지 않을까요? 여러분들이 맺은 관계에서 얻은 결과들의 긍정성 총합을 최대로 해줄 수 있는 기준이 있다면 좋지 않을까요? 이 '나만의 기준'을 찾는 것이 마지막 질문의 '어떻게, 체계적으로'에 대한 답의 실마리입니다.

## '목적(Purpose)'이란 무엇인가?

앞절에서 필요성을 강조한 '나만의 기준'이란 것은 과연 무엇일까요? 결론부터 말씀드리면 바로 '목적(Purpose)'입니다.

그렇다면 '목적'은 뭐고 왜 중요할까요? 사전적으로는 '실현하려고 하는 일이나 나아가는 방향'으로 정의됩니다. 이에 대응하는 영어 단어는 'Purpose'인데, '이루고자 하는, 혹은 삶의 의미를 주는 목적'을 의미하기도 합니다. 결론적으로 삶의 의미를 주는 일들의 나아가는 방향'으로 정의할 수 있겠습니다.

출처: pix4freee.org

몇 가지 예를 살펴봅시다.

'인류의 화성 이주와 다중 행성 종족으로의 진화'를 목적으로 삼은 사람이 있는데, 여러분들도 잘 아시는 바로 엘론 머스크입니다. 이를 위해 머스크는 현재 SpaceX라는 회사를 설립하고 이 회사를 통해 우수 탐사 기술을 혁신하고 있습니다.

빌 게이츠는 '보건과 교육을 통한 빈곤 퇴치와 세계적인 건강 및 발전 향상'을 목적으로 놓고 백신 개발, 전염병 퇴치, 교육 기회 확대와 같은 이슈에 대응하고 있습니다.

위 두 사람은 세상에서 가장 부유하고 이미 성공한 것으로 누구나 인정하는 존재들이죠. 그런데 그들은 여전히 '목적'을 정하고 달성하기 위해 다양한 노력을 하면서 매일매일 달려가고 있습니다. 제가 말하는 '멋진 성공'을 계속해서 이뤄 나가려고 하는 것이죠. 머스크와 게이츠는 어떻게, 왜 그렇게 행동하는 것일까요? 보다 본질적인 질문은 이렇습니다.

'어떻게, 왜 그렇게 행동할 수 **있는** 것일까요?'

보고 생각해 볼만한 기업 사례도 많이 있습니다.

환경보호와 지속가능한 소비 확대하기(파타고니아), 지속가능한 에너지 사용을 촉진하여 세계의 에너지 소비 방식을 변화시키기(테슬라), 전 세계인의 지속 가능한 생활을 일상으로 만들기(유니레버) 등.

개인이든 기업이든 위와 같이 '목적'을 설정하게 되면 그 나침반이 가리키는 방향에 맞춰 움직일 수 있게 되는 겁니다.

'목적'은 결국 '삶의 나침반 역할을 하는 것을 의미합니다.

역으로 생각해 보면 그 의미를 좀 더 쉽게 이해할 수 있습니다.

'목적'이 없거나 불분명하다면 우리 생활에서, 삶에서 어떤 것들이 어려워질까요? 무엇보다도 '동기 부여 부족'일 것입니다. 어디로 가야 할지, 무엇을 해야 할지를 잘 모르는, 더 나아가 그럴 의지도 없는 의욕 상실 상태에 빠지기 쉽습니다. 그 결과 중요한 결정을 위한 일관성 있는 기준도 없게 되고, 있더라도 추진력 부족으로 결정 장애를 겪으면서 전략적 오류를 범할 가능성도 높아지게 됩니다. 기업 차원에서는 유사한 이유로 브랜드 신뢰도, 인재 유치, 시장 경쟁력 등에 치명적인 어려움이 발생할 가능성이 높아집니다.

곰곰이 곱씹어보면 참 무시무시한 이야기입니다. 목적 없이 산다는 것은 그냥 주변 환경의 흐름 속에서 어디로 가는지도 모른 채 물 위의 부초처럼 수동적으로 떠다니는 것과 비슷합니다. 기본적으로 목적이 없다는 것은 어디로 가고자 하는 내 의지가 없는 것과 동일합니다. 목적이 있다면 부초처럼 흘러

가는 게 아니라, 방향타와 엔진이 있어 목적지로 이동해 갈 수 있게 되는 것입니다. 그러면 성장과 발전을 이루게 되고 결국 '성공'과 가까워질 수 있는 것입니다. '성공'을 위해 '목적'이 강조되는 이유들입니다.

특히 '멋진 성공'을 위해서!

'목적'은 실행 의지를 뒷받침해 줍니다. 강한 '추진력'이라는 엔진이 탑재되는 것이죠. 그러면 목적 달성으로 가는 과정에서 접하게 되는 다양한 사회와의 관계를 긍정적으로 끌어갈 수 있게 되는 것입니다. '사회적 관계'에서 발생하는 다양한 문제들도 '목적에 맞는 맥락' 하에서 '동일한 흐름'을 갖는 방향으로 보다 용이한 동시에 체계적으로 해결할 수 있게 됩니다. 여러분들이 어떤 긍정적 영향을 만들어 낼 수 있는지, 어떻게 해야 하는 지 등과 관련된 전술적 행동 가이드라인 같은 skill도 쉽게 익힐 수 있게 될 겁니다. 결과적으로 많은 '튼튼한 긍정적 관계'는 부산물처럼 당연하게 얻어지게 됩니다.

그렇다면 이렇게 중요한 '목적'을 어떻게 설정해야 할까요? 매우 중요하지만 사실 그렇게 어려운 작업은 아닙니다. 다만, 반복적인 생각을 해봐야 한다는 게 어렵다면 어려운 부분입니다.

여러분 스스로의 판단의 기준이 되는 '생각하는 방식, 장단점, 호불호, 성격적 특성, MBTI, 주변 환경, 인생 궤적' 등등 내적, 외적 요소들을 비빔밥처럼 잘 버무려서 생각하고, 고민하면서 미래의 성공적인 자신의 모습을 그려보면 됩니다. 주어진 숙제를 하는 것이 아니라 나라는 특수한 존재를 놓고 원대한 숙제를 스스로에게 부과하는 작업입니다. 이 단계를 생략한다면 주어진 일을 해결하는 일의 노예와 같은 피동적 존재가 될 가능성이 높아집니다. 따라서 시간이 걸리고, 좀 지루하더라도 반드시 거쳐 가야 하는 단계임을 명심해야 합니다.

빌 게이츠가 대학을 중도에 포기하고 마이크로소프트를 창업할 때 앞서 소개했던 목적을 갖고 시작했을까요? 아닙니다. 당시에는 시기,

OS 브랜드

게이츠 재단

출처: Wikimedia commons

상황, 희망에 기초한 목적이 분명 따로 있었을 겁니다. 전문가들이 아닌 일반인들도 컴퓨터를 일상적으로 사용할 수 있는 시대 창출, 소위 퍼스널 컴퓨터(Personal Computer, PC) 운영 시스템 (Operating System, MS Dos) 장악, 그 결과 초기 마이크로소프트 사업의 성공! 이것이 그의 초기 '목적'이었을 겁니다. 그 성공 이후 게이츠는 인생 경로 중간중간에 새로운 '목적'을 계속 설정하고, 성공과 실패를 반복해 오면서 궁극에는 앞서 소개한 지금의 '목적'까지 수립할 수 있었을 것입니다.

우리들 대부분은 지금 당장 인생 최후의 '목적'을 설정할 수도 없고 그럴 필요도 없습니다. 여러분들의 미래는 아직 그릴 수 있는 여백이 많은, 그래서 다양한 가능성을 담을 수 있는 큰 도화지이기 때문입니다. 지금까지 겪어 온 작은 성공들과 실패들이 그려져 있을 것이고, 이를 기반으로 조금 더 큰, 멋진 의미가 담긴 목적으로 계속해서 이어 나가면 되는 것이기 때문입니다. 1년짜리, 5년짜리, 10년짜리 목적을 생각해 볼 수 있습니다. 아니면 큰 목적,

중간 목적, 작은 목적! 이렇게 생각해 봐도 됩니다. 멀수록, 클수록 '목적'의 모습은 확정적이지 않습니다. 하지만 작고, 가까운 목적을 세우고 실행하고 달성하면서 그 모습들은 점점 더 구체적으로 되고 그 윤곽도 또렷해집니다.

작고 가까운 목적들은 어떤 것들이 있을까요? 다음과 같이, 많은 전문가가 언급하는 범주 하에서 여러분들의 '목적' 설정을 생각해 보는 것은 어떨까요?

- 평생학습과 자기 계발,
- 창의성과 혁신 추구,
- 인간관계의 깊이와 품질 향상,
- 지속 가능성을 위한 행동 추구,
- 사회적 책임과 기여 등

전문가들이 많이 언급하는 이유는 '목적'의 기능성 최대화를 위해 아주 잘 작동하는 것들이기 때문입니다.[4] '사회와의 긍정적 관계'를 다양하게 형성할 수 있게 해주는 큰 기준이 될 수 있다는 말과 동일하게 이해해도 됩니다. 이와 같은 선순환적인 흐름으로 여러분들의 '목적'이 계속 새롭게 태어나고, 진화한다면 점점 더 '멋진 성공'에 다가가게 될 것입니다.

'먹으려고 사는가? 살려고 먹는가?'

'목적 선택은 우리 스스로의 몫입니다.

4) Frontiers in Psychology, "The role of personal purpose and personal goals in symbiotic visions" (2015)
McKinsey & Company, "Foster individual purpose within your organization" (2020)
McKinsey & Company, "Igniting individual purpose" (2020)

## 네 번째 이야기

# 목적 달성을 위한 '준비(Preparation)'란 무엇인가?

'목적'이 설정되면 드디어 목적 달성을 위한 다양한 '준비'를 해야 하는 단계에 들어서게 됩니다. '준비'는 성공을 위한 최선의 노력을 경주하는 데 필요한 '노력 근육'을 만드는 핵심 단계입니다.

사회의 일원으로 삶을 영위하는 데에 필요한 아주 기초적인 것들은 '목적' 없이도 준비할 수 있고, 실제 모든 사람이 그렇게 하고 있습니다. 하지만 우리가 추구하는 것은 '단순한 영위 수준의 삶'이 아니라 '성공적인 삶'입니다. 이런 맥락에서 성공을 위한 '목적' 달성이란 제대로 된 준비 없이 여간 어려운 일이 아닙니다.

다음 단계로 '목적' 달성을 위한 기초 토대부터 고급 요소들까지 차근차근 준비해야 합니다. 그래야 성공으로 나아갈 수 있습니다. 준비가 되지 않으면 성공으로의 여정 출발점에 설 수조차 없는 것이죠. 개인들이 성공을 위해 투여한 시간, 노력, 극복해 낸 고통의 수준에 따라 개개인의 준비된 정도는 다르게 형성됩니다. 그 정도에 따라 실현되는 결과도 달라집니다.

출발점에 설 수 있는 준비를 하는 것이 모든 성공의 아주 기본적인 시작임을 절대 잊어서는 안 될 것입니다.

저 육상 선수들은 스타트라인에 서기 위해서 어떤 준비를 했을까요? 아무런 다른 준비 없이 단순히 두 다리로 뛸 수 있고 앞을 보고 달릴 수 있다는 것만으로 설 수 있었을까요? 당연히 아니죠.

체력 단련, 자신의 장단점 분석, 잘 달리기 위한 방법 체득, 트랙을 따라 달리기 위한 Rule of Game 숙지, 경쟁자들의 특성 등 정보 분석과 그에 따른 전략 수립 등. 필요한 영역별로 매우 다양한 요소들에 대한 준비를 거쳐 스타트라인에 섰을 것입니다. 그보다 더 본질적으로는 '달리기가 좋은가? 내가 달리기를 좀 잘하나?'와 같은 질문도 해 보았을 것입니다. 당연히 그 답은 'Yes'였을 겁니다. 그래서 달리기로 마음먹었고, 그래서 그 준비를 했을 겁니다.

도대체 여러분들에게 '준비'란 것은 무엇일까요? 그리고 무엇을 위한 '준비'일까요?

여러분들은 이미 이 '준비'를 위해 정말로 피나는 노력을 하고 있습니다. 초중고, 대학교에서, 직장에서도 많은 것을 배우며 익히고 있습니다. 더 중요한 것은, 중간중간에 엄청난 '경쟁'이란 산도 넘어오고 있다는 점입니다. 또 다양한 활동을 통해 체력 단련도 계속하고 있을 테고. 일부는 시간이 날 때마다 여가를 즐기기 위한 자기만의 취미활동에 열정을 쏟고 있기도 할 것입니다.

출처: needpix.com

우리는 어찌 생각해 보면 아주 어려서부터 거의 무의식적으로 무엇인가를 준비하는 삶을 살아오고 있습니다. 어릴 때는 부모님들이 그 준비를 가이드해 주는 대로: 영어. 피아노, 태권도, 수영, 발레, 수학, 미술, 골프, 등등…

이것들은 무엇을 위한 준비일까요? 이런 준비를 하는 '목적'이 뭘까요? 자녀들의 특장점을 알아내기 위해서? 자녀들의 경쟁력을 강화하기 위해서?

조금 더 근본적으로 '왜 하는지'에 대해 이렇게 말할 수 있을 것입니다.

'남들과의 경쟁에서 살아남게 하기 위해서다',

'더 좋은 대학에 입학시키기 위해서다',

'좋은 직업을 갖게 하기 위해서다'

'돈을 많이 벌 능력을 키워 주기 위해서다'

등등..

과연 이것이 '왜 하는지'에 대한, '준비'하는 '목적'일까요? 물론 저 자체가 '목적'일 수도 있습니다. 하지만 이것이 '최종의 목적'일까요? 무엇이 되었든, 생각해 봐야 할 게 하나 더 있습니다. '왜 하는지에 대한 좀 더 깊은 생각과 고민'입니다.

또 하나 중요한 이슈는 '여러분이 동의하고 스스로 책임지는 정도로 그 목적 달성을 위해 노력하는가'하는 것입니다. 부모의, 선생님의, 선배의 이야기는 여러분들이 의사 결정할 때 활용할 수 있는 양질의 참고 사항입니다. 무조건 따라야 할 법이 아니죠. 다른 주체가 시키는 대로 따라가는 것만으로는 성공하기 어렵습니다. '부초'처럼 수동적, 피동적 움직임만 가능하기 때문입니다. '준비' 조차도 내가 스스로 실행하지 못하게 되는 상황이 초래됩니다.

본론으로 돌아와서, 앞서 사진에서 본 육상선수들은 달리기를 통해 이루고자 하는 '목적'이 뭐길래 그렇게 열심히 많은 '준비'를 하는 것일까요?

'목적'과 '준비'는 마차의 양쪽 바퀴 같은 존재입니다.

마차가 흔들림 없이 앞으로 제대로 나아가려면 두 바퀴가 같이 잘 움직여야 합니다. 우리 삶의 방향성을 알려 주는 '목적'과 그 방향으로 나아갈 추진력을 갖춰 주는 '준비'라는 두 바퀴가 같이 잘 움직여야 방향을 잃지 않고 잘 나아갈 수 있습니다.

'목적'에 따라 그 준비에 걸리는 시간은 짧을 수도 있고, 매우 길 수도 있습니다. 그 시간도 여러분 스스로 정해야 합니다.

'준비된 자만이 기회를 잡을 수 있다'

'준비된 자'가 되어야 기회를 잡아 적극적인 행동을 실행해 볼 수 있습니다. 반복적인 실행의 결과로 목적을 달성하는 '성공'의 맛을 보게 되는 것입니다. 그리고 나서 '또 다른 새로운 목적'을 설정하면서 우리는 크고, 깊고, 넓은 목적을 향해 나아갈 수 있게 되는 것입니다.

# 다섯 번째 이야기

## 준비는 '어떻게' 할 수 있는가?'

성공으로의 여정에는 다양한 난관들이 있고, 그 난관들을 잘 극복하고 해결해야 성공에 이를 수 있습니다. 그런 난관 극복에 '목적'이 나침반 역할을 해준다는 점은 계속 강조해 왔습니다. 목적을 갖고 성공적인 삶을 추구한다는 것은 목적에 맞게 무엇인가를 극복하고 해결한다는 내용을 포함하고 있습니다. 또한 성공적인 삶, 의미 있는 삶이란 목적 자체가 아니라, '목적' 하에 당면한 문제들이 '해결된' 이후 얻어지는 후속 결과들입니다. 하지만 이 나침반은 문제 해결의 방향성은 보여주지만, 구체적인 방법론에 대해서는 얘기해주는 것이 별로 없습니다. 결국 '준비'는 추진력을 갖추게 해 주는 요소로서, 구체적인 방법론과 깊이 연결되어 있습니다.

사회적 동물인 우리는 어떤 조직이나 지역 혹은 그룹들과 얽힌 다양한 사회적 관계 속에서 살고 있습니다. 그런 관계에서 난관이라 할 만한 수많은 문제가 발생합니다. 일상적인 문제들 정도는 어떻게든 해결하면서 살아가고 있습니다. 하지만 난관이라 할 만한 문제들을 잘 해결한다는 것은 쉽지 않고, 잘 해결하는 사람들도 그리 많지 않습니다. 여기서 성공과 실패라는 엇갈린 결과가 나타나게 되는 것입니다.

결국 '성공적인 삶'을 염두에 둔 목적 달성을 위한 '준비'라는 것은 최종 복표로 가는 여정에 놓인 여러 난제를 해결할 수 있는 능력을 갖추는 것이라 할 수 있습니다. 한마디로 '문제 해결 능력', 혹은 '방법론'을 잘 갖춰야 함을 의미합니다. 그래서 우리는 모두 어린 시절부터 상당히 성장한 시절까지 (어쩌면 지금 이 순간도) 문제해결 능력을 키우려고 많은 노력을 기울여 왔습니다. 일차적으로 이 문제해결 능력을 갖춘 정도의 차이가 성공 가능성의 차이를 설명해 줍니다. 하지만 모든 사람이 공통되게 노력한 영역이라 이로써 큰 차이를 내는 것은 쉽지 않습니다. 그럼에도 차이 나는 결과를 보여주는 사람들이 존재합니다. 과연 그들의 문제해결 능력이 너무나도 탁월해서 그런 것일까요? 그럴 수도 있지만 차이 나는 결과를 위해서 우리가 하나 더 초점을 맞춰야 하는 것이 있습니다. 문제 해결 능력은 당연하고 추가로 '문제를 찾는 능력'이 중요해졌습니다. 독자 여러분 중에도 지금까지 문제를 찾는 연습을 한 사람은 많지 않을 것입니다. 항상 주어진 문제를 놓고, 어떻게 해결해야 할지를 궁리하고 실행해 온 것이 대부분이었을 겁니다. 문제가 무엇인지 찾아서 해결해 본 경험은 많지 않을 것입니다. 어떻게 보면 일부 리딩 그룹들이 문제를 찾아 해결을 주문해 왔다고 볼 수 있습니다. 단순했던 과거 사회에서 해결해야 할 문제들을 찾는 것은 어렵지 않았고, 문제 자체가 복잡하지도 않았습니다: 빈곤 타파, 문맹 퇴치, 위생 강화, 위생 개선, 도로 확충, 경제 기반 건설, 일자리 교육, 등등. 더군다나 해결되지 않은 문제들이 산적해 있을 때는 굳이 문제를 새롭게 찾을 필요가 없었을 수도 있습니다. 하지만 일정 수준의 문제들이 해결되고, 게다가 사회가 발전하고 복잡하게 다변화되면서 정말로 해결해야 하는 문제를 찾아내는 것이 어려워졌습니다. 앞서 말했던 문제들은 해결이 되었거나 약간 더 심화된 부분을 고려하면 되는 정도지만, 복잡한 문제는 문제 자체를 명확하게 규명하는 것부터 쉽지가 않습니다. 따라서 문제를 인식하는 것 자체가 쉽지 않을 정도입니다.

따라서 '준비' 차원에서 보면 문제 해결을 위한 '근육'을 단련하는 것은 일차적으로 당연히 필요한 부분이며, 보다 심화된 차원에서는 '문제를 찾는 능력'까지 길러야 한다고 볼 수 있습니다. 그래야 차이 나는 결과는 낼 수가 있기 때문입니다.

조금 과장해서 얘기해 본다면, 세상에 해결해야 할 '문제'가 없다고 가정해 봅시다. '문제없는 세상'에서는 사람 간에, 조직 간에 갈등도 없고 따라서 모든 사람이 행복할 수 있습니다. 그렇다면 목적도 필요 없고, 새로운 목적을 세울 필요도 없을 것입니다. 참 좋겠지만, 그만큼 비현실적인 얘기입니다. 사람 간에, 조직 간에 갈등이 있고, 행복하지 않은 사람들이 존재하는 우리 사회에는 찾아내서 해결해야 할 문제들이 많이 존재합니다.

일상에서 발생하는 간단한 문제들은 수도 없이 많이 있고, 이미 우리는 그 해결을 거의 본능적으로 잘하고 있습니다. 호모사피엔스가 대단한 점이 바로 대부분의 문제를 거의 본능적으로 해결하고 있다는 점입니다. 거의 모든 사람이 그렇습니다. 여기에서는 사람들 간에 큰 차이가 나지 않습니다. 이 섹션의 주제인 '어떻게'에 대응하려면 본능적으로 해결하는 문제들이 아닌, 보다 크고 해결의 임팩트가 강한 '사회적 문제' 해결에 초점을 맞춰야 합니다.

사회적 문제 해결이 전제되어야 우리는 '목적'을 가질 수 있게 됩니다. 그러기 위해서는 어떤 것들이 사회적 문제인지 정의하고 찾을 수 있어야 합니다. 이것이 다음 이야기 편에서 볼, '사회적 문제'를 좀 더 살펴봐야 하는 이유이기도 합니다.

## 여섯 번째 이야기

# 좀 더 알아야 할 몇 가지

### [Topic 6-1] 사회적 문제가 무엇이길래 알아야 할까?

사회적 문제란 다수의 사람에게 영향을 미치고, 공공의 이익이나 사회적 가치에 부합하지 않는 상황을 일컫습니다. 이러한 문제는 사회 구성원 간의 합의에 따라 문제로 인식되며, 해결을 위한 공동의 노력이 요구됩니다.

개인들이 관심을 가져야 하는 사회적 문제로는 개인의 건강과 직결된 환경오염 문제 (대기, 물, 토양의 오염 등), 주변 사람들과 관계된 사회적 소외 문제(빈곤, 노령화 사회에서의 고독 등)를 생각해 볼 수 있습니다. 기업 측면에서는 위와 같은 문제들을 포함해서 기업 활동과 관련된 사회적 문제들이 있습니다. 일차적으로, 부정부패, 노동자 권리 침해 등과 같은 기업 윤리 문제, 과도한 자원 소비와 환경 파괴 같은 지속 가능한 자원 사용 관련 문제들을 생각해 볼 수 있습니다.

많은 기업과 활동가들이 기업활동과 관련된 문제는 물론 일반적인 사회적 문제까지도 관심을 갖고 그 해결을 위해 노력하고 있습니다. 요거트로 유명한 기업인 Chobani(창립자 함디 울루카야)는 난민 고용을 자사의 주요 미션으로 삼아, 자사 공장에서 상당수의 난민을 고용하고 있습니다. 이 프로그램은 일자리 제공뿐만 아니라 교통과 번역 서비스 같은 추가적인 지원을 포함하여, 이들이 커뮤니티와 직장에 잘 통합될 수 있도록 돕고 있습니다. Chobani가 본 사회적 문제는 '난민' 그 자체와, 그 '난민들의 생존'인 것입니다. 그 해결을 위해 생산과정에 필요한 인력 측면에서 '고용'을 하고, 더 나아가 사회공헌 차원의 여러 지원 프로그램을 시행한 것입니다. 기업경영과 관련된 직접적인 행동은 물론 그들의 사회적 책임 차원의 행동에까지 이어진 사례라 할 수 있습니다.

출처: Flickr (Chobani 창립자 함디 울루카야)

또한 기업의 경영활동과 관련한 사회적 문제로 끊임없이 제기되어 온 것이 바로 아동 노동 문제입니다. 이를 방지하고 아동 권리를 지원하는 활동을 1990년대부터 꾸준히 펼쳐 온 대표적 기업이 여러분들도 잘 아시는 바로 이케아입니다. 이케아는 유니세프와의 장기적인 파트너십을 통해 전 세계 아동들이 깨끗한 식수를 접할 수 있는 건강한 환경을 제공하기 위해 2억 달러 이상을 기부하기도 했습니다.

이 외에도 청소년들의 '흡연'이라는 사회적 문제 해결을 위해 전국의 매장에서 담배 및 기타 흡연 제품 판매를 중단한 CVC Health의 행동도 멋진 사례이죠.

이렇듯 기업들이나 개인들이 사회적 문제에 관심을 갖고 직간접적으로 그 해결을 위해 노력하는 데에는 이유가 있겠죠? 무엇 때문일까요? 이 책의 핵심 주제이기도 한 '성공' 추구 측면에서 그 이유를 찾아볼 수 있습니다. 성공

을 추구하는 과정에서 사회적 문제에 대한 관심을 갖고 그 해결을 위해 노력하게 되면, 장기적인 관점에서 기업들은 지속 가능한 성장과 사회적 신뢰를 확보할 수 있습니다. 환경 문제를 개선하고자 하는 노력은 해당 기업의 브랜드 가치를 높이고, 소비자와의 긍정적인 관계를 촉진하는 결과를 낳을 수 있습니다. 개인 차원에서도 효과는 비슷합니다. 개인들도 스스로의 성장과 성숙은 인생 전반에 걸친 지속 가능한 '성공' 여정을 만들어 갈 수 있게 됩니다.

이런 맥락 하에서 이제는 단순히 경제적 이익을 넘어서 사회적 책임을 이행하는 것이 기업의 중요한 목표로 자리 잡아가고 있습니다. 사회적 문제 해결을 통한 가치 추구로 기업들은 최고의 목표인 지속 가능성을 높일 수 있게 되는 것이기 때문입니다. 따라서 이러한 노력은 단순한 성공을 넘어서 사회적 성공을 이루는 데에도 결정적인 역할을 합니다. 동일한 측면에서 사회적 문제에 대한 관심과 해결 노력을 통해 개인들도 '지속적인 성공' 혹은 '성공적인 인생을 지속'할 수 있습니다.

'성공적인 인생', '성공적인 기업'을 이루기 위해 '사회적 문제'가 무엇인지 알아야 하고, 해결을 위해 행동해야 하는 이유인 것입니다.


## [Topic 6-2] '왜 이해관계자'를 신경 써야 하나?

사회적 문제 해결에 있어 우선적으로 '왜 이해관계자가 중요한가'를 생각해 봐야 합니다. 이해관계자는 다음과 같이 정의할 수 있습니다.

개인이나 조직의 결정이나 활동에 영향을 받거나
영향을 미칠 수 있는 모든 개인, 그룹, 조직

이해관계자는 조직의 성공에 직간접적으로 영향을 미칠 수 있는 권리나 이해관계를 가지고 있으며, 그 범위는 내부 직원에서부터 외부 파트너, 고객, 공급업체, 지역 사회 등으로 광범위합니다.

여기서 핵심 질문은 '개인 혹은 조직의 목표와 전략을 성공적으로 수행하는 데에 왜 이해관계자에 대한 이해가 필수적일까'입니다. 개인이든 기업조직이든 간에 목표를 세우고 그 달성을 위한 전략을 수립할 때 당연히 이해관계자의 애로사항, 요구, 기대를 파악하고 반영해야 합니다. 사실 많은 기업들은 어느 정도 이미 그렇게 하고 있습니다. 그런데 왜 여기서 굳이 '이해관계자'를 재삼 얘기하는 것일까요? 현실적으로 이해관계자의 애로사항, 요구, 기대에 대한 기업들의 이해가 제한적이기 때문입니다. 기업은 그들이 제공하는 제품, 서비스 관련 고객과 관련 규제 당국 정도에 대해서 주로 초점을 맞추고 있습니다. 그리고 사회적 문제를 연계해 고민하는 경우도 많지 않습니다.

뒷부분에서 살펴보겠지만, 이해관계자에 대한 이해가 부족하고, 고려 범위도 제한적으로 되면 해결해야 할 사회적 문제를 찾는 것도 어려워집니다. 이는 순차적으로 사회적 문제 해결 노력이 경영활동에 담기지 않을 가능성을 높이게 됩니다. 궁극에는 기업 존재의 큰 이유인 '지속가능성' 확보·강화가 어려워질 수 있습니다. 따라서 이해관계자에 대한 전체론적(Holistic)이고 입체적인 이해가 필수적입니다. 이해관계자는 여러 방법으로 식별할 수 있습니다. 예를 들어, 조직의 핵심 활동과 목표에 누가 영향을 받거나 영향을 미칠 수 있는지에 대한 분석을 기반으로 식별할 수 있습니다. 이 과정에는 내부 회의, 시장 조사, 피드백 세션 및 경쟁 분석 등이 활용 가능합니다. 이를 통해 주요 내외부 이해관계자 그룹을 도출하고 그들의 애로사항, 요구를 파악할 수 있게 됩니다. 그 다음으로는 조직의 목적과 전략적 방향성, 현재의 여러 가지 환경적 요인들을 감안해서 이해관계자들 관련 문제들의 우선순위를 정할 수 있습니다.

이 과정에서 이해관계자의 적극적 역할도 중요한 부분입니다. 사회적 문제 해결에 필요한 정책이나 프로그램 설계에 이해관계자의 의견과 통찰력이 활용 가능한 주요 자원입니다. 이해관계자와의 협력을 통한 솔루션 개발·실행은 사회적 문제 해결의 효과와 영향력 증대에 긍정적으로 작용할 수 있습니다.

여기서 한가지 중요하게 짚고 넘어가야 할 요소가 있습니다. 위에 언급한 '조직의 목적과 전략적 방향성' 부분입니다. '세 번째 이야기 목적' 편에서 논의했듯이 목적이 제대로 수립되는 것은 매우 중요합니다. 따라서 제대로 된 목적 수립을 위해서는 이해관계자에 대한 이해가 제대로 되어야 하겠지요? 좀 다르게 표현하면 이렇게 얘기할 수도 있습니다. 조직의 목적과 사회적 문제가 어떤 연관성을 갖고 있는지를 명확히 할 수 있다면, 이해관계자와 사회적 문제를 좀 더 명확하게 연결할 수 있습니다.

'목적'과 '이해관계자에 대한 이해'는 어느 한 방향으로의 일방적인 관계가 아닙니다. 쌍방의 관계를 맺고 있습니다. 그리고 시간이 지나면서 서로의 변화를 유도할 수도 있습니다. 분명한 것은 어떤 경우에도 이 둘은 따로 떼어놓고 얘기해서는 좋은 성공을 이루기 힘들다는 사실입니다.

## [Topic 6-3] 어떻게든 측정은 해봐야 한다

> "측정할 수 없으면 관리할 수 없고,
> 관리할 수 없으면 개선할 수 없다."

현대 경영학의 아버지로 불리는 피터 드러커가 한 말입니다. 측정할 수 없는 뭔가는 그 실체를 증명하기가 쉽지 않습니다. 왜냐하면 잘하고 있는 것인지 아닌지, 아직 모자란 것인지 아니면 충분한 것인지, 목적을 달성한 것인지 아니면 아직도 갈 길이 먼 것인지 등과 같은, 상황에 대한 판단 기준이 없는 것과 마찬가지이기 때문입니다. '사회적 가치'처럼 철학적, 가치론적 맥락이 포함된 경우는 더욱 그렇습니다.

따라서 측정은 목표 달성의 진행 상황을 파악하고, 전략의 효과를 평가하기 위해 반드시 필요합니다. 측정할 수 있어야 측정 대상의 개선점을 식별하고, 목표를 조정할 수 있습니다. 개인이나 조직은 측정 결과를 토대로 보유하고 있는 리소스를 효율적으로 배분하고, 성과를 관리할 수 있게 됩니다. 또한, 객관적인 측정 결과가 있어야 관련 이해관계자에게 투명한 결과를 보여줄 수 있다는 점도 중요한 시사점입니다.

이상의 맥락에서 볼 때, 사회적 가치를 측정하는 것은 조직의 사회적 영향력을 실질적으로 이해하고, 이를 증진하기 위해 필수적임을 이해할 수 있습니다. 측정을 통해 개인·기업은 정책 결정과 전략 개발을 객관적인 정보에 기반하여 수행할 수 있게 됩니다. 그래야만 비로소 이해관계자와 투자자에게도 그 가치를 입증할 수 있게 되는 것이죠.

사회적 가치 측정을 위해서 많은 정성적 및 정량적 지표들이 사용되고 있습니다. 설문조사, 인터뷰, 피드백 세션을 통한 이해관계자의 의견 수집과 같은 것들이 정성적 방법에 해당합니다. 정량적 방법으로는 사회적 반환율(SROI), 넷 프로모터 스코어(NPS), 또는 지역 경제에의 기여도 등이 있습니다. 이러한 측정 방법의 자세한 내용은 이 책의 범주를 벗어나는 것이므로 여기서는 생략하기로 하고, 중요한 개념 몇 가지만 설명하도록 하겠습니다. 측정하고자 하면 측정 대상과 연결된 변수가 있어야 합니다. 이 변수의 시간별, 장소별, 지역별 측정 결과치들이 데이터가 되는 것이고요. 같은 '사회적 가치'라고 하더라도 사람별로, 기업별로 그 정의는 다를 것이고, 결과적인 변수도 다를 것입니다. 어느 기업은 '한 지역의 수인병 감염자 수 감소'일 수 있고, 다른 기업은 '자동차 사고로 인한 사망자 수 감소'일수 있고, 또 다른 기업은 '해당 지역 내 실업자 수 축소'일 수 있습니다. 각각에 대한 변수도 다릅니다. 하지만 해당 사회적 가치 관련한 의미 있는 변수를 지정할 수 있으면 측정할 수 있고 관리할 수 있게 되는 것이죠. 결론적으로 측정을 위한 출발점은 개인 혹은 조직이 추구하는 사회적 가치를 나타낼 수 있는 변수를 찾아 정의하는 것입니다. 그러고 나서 그 변수를 기준으로 측정하여 데이터를 축적하게 되면 '관리'할 수 있는 준비가 되는 것입니다.

정리해 보면, 어떤 방식으로든 사회적 가치를 측정할 수 있게 되면, 개인·조직의 목표 달성에 대한 신뢰를 증진할 수 있으며, 더 나아가 투명한 측정과 보고를 통해 이해관계자와의 관계 또한 강화되는 효과를 기대할 수 있습니다. 또한, 성공적인 결과는 모범 사례로서 조직의 사회적 명성을 높이는 것은 물론 다른 조직에 영감을 주고, 사회 전반의 변화를 촉진하는 데에도 기여할 수 있습니다.

사회적 문제 해결을 통한 가치 창출을 추진하는 데 공허한 당위를 주장하는 것을 넘어, 구체적인 측정 가능한 변수를 설정하는 것이 중요함을 깊이 새기길 바랍니다.

# 이 정도는 알고 하자

- 우리가 사는 세상의 현재와 미래 -

# 삶과 비즈니스를 둘러싼 세상의 변화

우리는 매일 사회의 엄청난 변화와 끊임없이 진화하는 비즈니스의 변화를 보고 겪으면서 살아가고 있습니다. 어떤 변화가 있고 그런 변화는 우리에게 어떤 영향을 줄까요?

우리 시대의 엄청난 기술 발전을 요약하는 용어인 '4차 산업 혁명'을 탐구하는 것부터 시작해 봅시다. 이 혁명은 우리가 사용하는 기술적 장치 변화에 국한된 것이 아닙니다. 이는 AI의 역할이 증가하는 것부터 전례 없는 방식으로 세계를 연결하는 모바일 혁명에 이르기까지 우리가 일상생활에서 기술과 상호 작용하는 방식의 근본적인 변화에 관한 것입니다. 이는 단순한 변화가 아닙니다. 불과 얼마 전만 해도 공상과학 소설에서나 보였던 이런 기술들은 현실화되어 이제는 미래로 도약하고 있습니다.

그러나 기술은 이야기의 일부일 뿐입니다. 우리는 또한 기후변화라는 심각한 위험에 노출되어 있습니다. 비즈니스에 미치는 엄청난 영향으로 기업들은 경영 방식 자체를 재고해야 하는 상황에 처해 있습니다.

이와 함께 특히 한국 노동 시장의 인구통계학적 변화는 인력 환경을 변화시키고 기업은 물론 국가 경제에 많은 새로운 이슈를 던지고 있습니다. 그

와중에 미시적으로는 경제활동인구의 허리 부분을 차지하는 계층이 점차 MZ 세대로 채워지고 있습니다. 이 새로운 세대는 가치와 소비에 대해 이전 세대와는 다른 규칙서를 쓰고 있습니다. 그들의 선호도와 행동은 단순한 추세가 아닙니다. 이는 기업이 전략과 윤리를 재평가하도록 이끄는 강력한 힘으로 작용하고 있습니다. MZ 세대를 탐색하면서 그들의 독특한 전망이 어떻게 사회와 기업경영의 미래에 영향을 줄지 알아보는 것도 매우 흥미로운 주제입니다.

변화로 꾸며진, 이 새로운 풍경의 모습을 관찰하고 그 의미를 살펴봄으로써 우리 스스로에게 주는 시사점은 무엇이고, 또 도움이 되는 것은 무엇이 있을지 알아봅시다. 당신이 비즈니스 전문가이든, 학생이든, 아니면 단순히 우리 시대의 흐름을 이해하고 싶어 하는 사람이든 간에 현대 사회와 비즈니스의 복잡한 다면적 연계 구조에 대한 신선한 관점과 생각을 불러일으키는 통찰력을 제공할 것을 약속합니다. 이러한 변화가 우리는 물론 기업의 현재와 미래에 어떤 의미를 갖는지 함께 살펴보겠습니다.

# 엄청난 기술의 변화

## [Topic 8-1] 4차산업혁명! 새로운 미래의 그림자

21세기에 폭발적으로 등장한 제4차 산업혁명은 비즈니스와 사회의 풍경을 재구성하는 중요한 힘으로 작용하고 있습니다. 4차산업혁명 시대는 물리적, 디지털적, 생물학적 영역 사이의 경계를 흐리게 하는 '기술의 융합'으로 특징 지어집니다. 이러한 융합은 여러 분야에서 혁신을 촉진하고 있으며, 대표적으로 여러분들에게도 어느 정도 익숙한, 다음과 같은 사례들을 생각해 볼 수 있습니다:

- **사물인터넷(IoT)과 스마트 홈 기술**: 물리적인 장치들이 인터넷과 연결되어 데이터를 수집하고 서로 소통하게 하는 기술입니다. 이는 사용자에게 더욱 편리하고 맞춤화된 경험을 제공합니다. 예를 들어, 스마트 홈 시스템은 사용자의 생활 패턴을 학습하여 조명, 온도, 보안 시스템 등을 자동으로 조정할 수 있게 해줍니다.

- **생체 인식 기술**: 디지털 기술과 생물학적 데이터의 융합으로, 지문, 홍채, 안면 인식 등을 통해 개인을 식별하는 기술입니다. 이 기술은 보안, 금융 서비스, 개인 맞춤형 건강 관리 등 다양한 분야에서 활용되고

있습니다.

- **3D 바이오 프린팅:** 생물학적 재료를 사용하여 살아있는 조직이나 장기를 3D 프린팅하는 기술입니다. 이는 재생 의학과 장기 이식 분야에서 혁신을 가져오고 있으며, 환자 맞춤형 치료 방법을 가능하게 합니다.

- **가상현실(VR)과 증강현실(AR):** 디지털 세계와 물리적 세계의 경계를 모호하게 만드는 기술로, 사용자에게 실제와 유사하거나 향상된 환경을 제공합니다. 이 기술들은 게임, 교육, 군사 훈련, 건축 시각화 등 다양한 분야에서 활용되고 있습니다.

이러한 기술의 발전과 융합은 다양한 혁신의 장을 열고 있습니다. 하지만 발전의 대가로 개인 정보 보호, 윤리적 고려, 보안 문제 등과 같은 새로운 도전 과제도 계속 등장하고 있어, 마냥 반길 수만은 없죠.

## [Topic 8-2] 모바일 혁명! 일상의 변화 그리고 삶의 변화

두 번째 엄청난 변화는 바로 모바일 혁명에 의한 것입니다. 전세계를 연결하는 모바일 연결의 확산은 다양한 방식으로 거래 비용을 대폭 절감함으로써 우리 사회와 개인의 일상생활을 크게 변화시키고 있습니다.

- **정보 검색 및 액세스의 민주화:** 이제 사람들은 언제 어디서나 실시간으로 정보, 데이터, 뉴스를 검색할 수 있습니다. 검색 엔진과 전문 앱이 글로벌 정보 저장소에 즉시 접근할 수 있게 되면서 검색 비용은 거의 제로 수준으로 낮아졌고, 모바일 시민들은 정보 앞에 평등해진 것입니다.

- **커뮤니케이션 및 전달 비용 급감:** 문자, 음성, 영상 등을 통한 커뮤니케이션 비용이 많이 감소하면서 사람들은 전 세계에 빠르고 쉽게 연결할 수 있게 되었습니다. 이로써 정보의 생성, 유통 속도가 매우 신속하게 진행되면서 커뮤니케이션의 민주화 또한 일어나고 있습니다. 유튜브, 블로그, 팟캐스트 등 누구나 전 세계를 대상으로 커뮤니케이션을 할 수 있는 세상! 이미 우리 대부분이 익숙합니다.

- **유통 및 마케팅 채널의 혁명적 변신:** 모바일 연결은 유통 채널에 혁명을 일으켜 기업이 고객에게 직접 다가갈 수 있게 해줍니다. 전자상거래 플랫폼, 소셜 미디어 마케팅, 모바일 광고는 상품 유통 및 마케팅 서비스 비용을 줄여 중소기업도 글로벌 규모로 사업을 운영할 수 있게 되었습니다.

- **거래 효율성 제고:** 모바일 결제와 디지털 지갑은 거래를 간소화시켜줍니다. 이런 거래는 더 빠르고 안전하며 비용 효율적입니다. 더 나아가 실물 화폐의 필요성과 도난 위험도 줄어들게 되고 현금 또는 신용카드 결제 처리 관련 비용도 많이 낮아지고 있습니다. 결국 우리 경제생활의 편의성이 높아지는 긍정적 효과도 있습니다..

- **금융 서비스에 대한 접근성 제고:** 모바일 연결은 특히 원격지나 서비스가 부족한 지역에서 은행 서비스, 보험 및 신용에 대한 액세스를 가능하게 함으로써 금융 포용을 촉진하고 있습니다. 이를 통해 창업 진입 장벽이 낮아지고 개인의 재정 관리가 더욱 효과적으로 이루어지게 되었습니다.

- **서비스 활용:** 모바일 앱과 플랫폼을 통해 교통(예: 차량 공유 앱), 숙

박(예: 단기 렌탈 플랫폼), 의료(예: 원격 의료)와 같은 일상생활에서 필요한 다양한 서비스를 효율적으로 활용할 수 있게 해 주고 있습니다. 요즘 버스나 지하철, 택시 이용 앱 없이 일상 생활하는 것을 상상할 수 있을까요? 편의성은 물론 관련된 비용과 시간까지 줄여주는, 그 야말로 필수재인 거죠.

결론적으로, 모바일 연결의 확산은 정보 검색, 전달, 배포 및 활용과 관련된 거래 비용의 역학을 재편하여 프로세스를 더 빠르고 비용 효율적으로 만들어 사회와 개인의 발전을 뒷받침하고 있습니다.

하지만 그 이면에 있는 단점도 무시할 수는 없습니다. 부정적인 영향은 주로 사회적, 심리적, 신체적 측면과 관련이 있습니다.

- **사회적 고립 심화:** 연결성이 향상되었음에도 불구하고 모바일 장치는 아이러니하게도 사회적 고립을 초래할 수 있습니다. 사람들은 대면 회의보다 가상 상호 작용을 선호하여 개인적인 관계가 약화되고 외로움을 느낄 수 있습니다.

- **커뮤니케이션 품질 저하:** 모바일 기술은 커뮤니케이션을 용이하게 하지만 대화의 품질을 저하할 수도 있습니다. 문자 메시지와 이메일의 편리성은 표면적인 상호 작용을 증가시킬 수 있지만, 반면 의미 있고 깊이 있는 대화는 오히려 감소시킬 수 있습니다.

- **생산성 하락:** 모바일 장치는 생산성을 향상할 수 있지만 방해 요소가 될 수도 있습니다. 끊임없는 알림 공세로 인해 업무나 학습이 중단되어 집중력과 생산성이 저하될 수 있습니다.

- **중독 및 신체·정신 건강 문제:** 이미 잘 알려진 사실이지만 모바일 장치의 과도한 사용은 i) 사용 자체에 대한 중독은 물론, ii) 눈의 피로, 두통, 잘못된 자세로 인한 목이나 허리 통증 등의 신체 건강 문제, iii) 지속적인 알림과 소셜 미디어 업데이트는 불안과 스트레스 등의 정신 건강 문제를 유발할 수 있습니다.

모바일 연결도 의심할 여지없이 현대 생활을 긍정적으로 많이 변화시켰지만 그 이면의 부정적인 영향을 염두에 두고 기술 사용에 대한 균형 있고 건전한 접근 방식을 위해 노력하는 것이 중요합니다.

이상과 같은 기술 발전의 결과로 우리가 매일 경험하고 있는, 엄청난 현실이 하나 더 있습니다. 바로 '초연결성 사회(hyper-connected Society)'입니다. 우리는 수많은 매체나 SNS, 인터넷 등을 통해 시간이나 거리에 상관없이 누구하고든 연결할 수 있습니다. 앞서 논의한 여러 변화상이 이렇게 모든 곳의 모든 사람과 모든 시간에 연결될 수 있는 '초연결 사회'에서는 그 효과가 엄청나게 증폭될 수 있습니다. 이미 많은 독자 여러분들은 그런 행동을 하고 있죠. 초연결성이 중요한 이유는 뜻을 같이하는 일련의 개인들이 시간 장소와 관계없이 쉽게 하나의 큰 무리가 될 수 있고, 더 나아가 공동의 목적을 위해 압력을 가하는 등 집단행동을 할 수도 있다는 점입니다. 사회와 사회구성원에게 뭔가를 해줘야 하는 정부나 기업에는 크나큰 요주의 대상이 될 수 있다는 거죠.

## [Topic 8-3] AI! 인류의 행복한 미래? 암울한 미래?

최근 추세에 따라 빼놓을 수 없는 것이 바로 인공지능의 등장과 급격한 상승입니다. AI가 미치는 영향력은 매우 광범위해서 사회, 기술 및 개인 라이프스타일의 기존 패러다임을 재정의하게 될 것으로 예상되기도 합니다. 그러면 AI로 인해 생각할 수 있는 긍정적인 효과는 뭐가 있을까요?

- **효율성 및 생산성 향상:** AI는 일상적인 작업을 자동화하여 인간이 창의성과 비판적 사고가 필요한 복잡한 문제에 집중할 수 있도록 합니다. 이러한 효율성의 급증은 상당한 경제 성장과 발전으로 이어질 수 있습니다.

- **혁신과 새로운 기회:** AI는 혁신의 촉매제 역할을 하여 새로운 산업과 비즈니스 모델을 육성합니다. 예를 들어, AI 기반 진단을 통해 질병을 조기에 발견할 수 있는 의료와 같은 분야에서 수많은 기회가 있을 것으로 많은 전문가들이 말하고 있습니다.

- **정보에 기반한 의사 결정:** 방대한 데이터 세트를 처리하고 분석하는 AI의 능력은 조직과 개인이 정보에 근거한 결정을 내릴 수 있도록 지원하여 다양한 부문에서 최적화된 결과를 이끌어 내도록 활용될 수 있습니다.

이 외에도 다양한 긍정적 효과가 있을 수 있겠죠. 하지만 우리가 잊어서는 안 될 것이 그런 기술 발전이 가져올 수 있는 부정적 효과죠. AI도 예외는 아닙니다. 핵심적인 몇 가지만 살펴보면 다음과 같습니다.

- **일자리 대체:** AI는 새로운 일자리 기회를 창출할 수 있지만, 특히 일상적인 작업에 크게 의존하는 산업에서는 근로자를 대체할 가능성도

높습니다. 이러한 변화가 사전에 제대로 관리되지 않으면 사회적, 경제적 어려움을 초래될 수 있습니다.

- **윤리적 및 개인 정보 보호 문제:** AI의 데이터 처리 능력은 심각한 개인 정보 보호 문제를 야기할 가능성이 높습니다. 동의, 데이터 오용 및 감시와 관련된 문제가 가장 중요하므로 엄격한 윤리 표준 및 규정이 반드시 필요하며, 관련 서비스를 실행하는 개인들의 의식 또한 심화하여야 합니다.

- **편향과 불평등:** AI 시스템은 훈련받은 데이터만큼만 편견이 없습니다. 훈련 데이터가 왜곡되면 기존 편견이 지속되거나 심지어 악화되어 채용, 법 집행, 대출을 포함한 다양한 분야에서 불평등과 차별이 발생할 위험이 있습니다. 이는 AI 시스템을 만드는 엔지니어나 관련 기업들이 객관성을 위해 끊임없이 노력해야 하며, 사회적으로는 이를 위한 견제 기능 또한 필요함을 의미합니다.

다른 기술에 대한 논의에서와 마찬가지로 AI의 경우에도, 기술 수준이 계속 발전함에 따라 사회는 위험을 주의 깊게 완화하면서 AI의 이점을 활용하는 균형 잡힌 접근 방식을 따르는 것이 필수적입니다. 여기에는 AI가 사회에 미치는 다각적인 영향을 고려하는 관련 이해관계자들 간의 포괄적인 소통, 지속적인 윤리적 조사, 적극적인 정책 결정 및 실행을 통한 지원이 중요합니다.

지금까지는 주로 '기회'와 관련된 부분을 봤는데 이제 '위험' 혹은 '도전'과 관련된 두 가지 중요 이슈를 짚고 넘어가겠습니다.

# 기후변화로 인한 파괴적 미래

먼저, '기후 변화'입니다.

기후변화가 환경에 미치는 영향은 심오하고 광범위합니다. 기온 상승, 강수량 패턴 변경, 가뭄, 홍수, 태풍과 같은 빈번하고 심각한 기상 현상은 직접적인 결과입니다. 이러한 변화는 생태계를 교란하고 생물 다양성을 감소시키며 수자원에 부담을 주어 농업, 식량 안보 및 인류 건강에 직접적인 영향을 미칩니다.

전 세계적으로 이러한 문제를 해결하기 위한 공동의 노력이 이루어지고 있습니다. 파리 협정은 국가들이 기후 변화의 영향을 완화하기 위해 온실가스 배출을 줄이기로 약속한 공동 노력의 랜드마크입니다. 이 국제 협약은 협력과 집단행동의 필요성을 강조합니다.

이러한 맥락에서 기업은 중요한 역할을 담당합니다. 기업들은 지속 가능한 관행이 환경적으로 책임이 있을 뿐만 아니라 위험 관리 및 장기적인 수익성 측면에서도 유익하다는 점을 점점 더 인식하고 있습니다. 일차적으로 기업들은 소위 CSR (Corporate Social Responsibility) 이니셔티브를 추진할 수 있습니다. 환경 및 사회적 책임에 대한 파타고니아의 약속이나 재생 가능 에너지 및 지속 가능한 소재에 대한 IKEA의 투자와 같이 지속가능성을 담고 있는 비즈니스 모델을 생각해 볼 수 있습니다. 또한 Tesla의 전기 자동차나 Siemens 및 General Electric과 같은 회사의 청정에너지 솔루션에 대한 투자와 같은 혁신적인 솔루션 개발은 기후 위기의 영향을 완화하기 위한 기업들의 대표적 사례라 할 수 있습니다. 더 나아가 미래 지향적인 기업들은 기후 변화 기술에 투자하고, 지속 가능한 제품과 서비스를 개발하며, 환경, 사회, 거버넌스(ESG) 기준을 비즈니스 전략에 통합하고 있습니다. 이러한 변화는 기후 변화의 영향을 완화하는 데 도움이 될 뿐만 아니라 기업이 소비자, 투자자 및 규제 기관의 진화하는 선호도에 맞춰 보다 지속 가능하고 탄력적인 미래를 위한 길을 열어줍니다.

여타 주체들도 다양한 방식을 통해 기후변화가 주는 위험을 줄여 나가려고 노력하고 있습니다. 탄소 배출량 감소 차원에서, 개인들의 대중교통 이용, 육류 소비 축소, 미니멀리즘과 폐기물 제로 라이프스타일 추구 등 지속 가능한 생활 방식의 채택하는 사람들의 수가 증가하고 있다는 것은 좋은 사례라 할 수 있습니다. 또한 조림 운동, 지역사회 태양광 프로젝트, 도시 정원 가꾸기 이니셔티브와 같은 풀뿌리 운동 등 지역 커뮤니티 중심의 활동도 다양하게 펼쳐지고 있습니다.

비록 기후위기로 미래 전망이 지속 어두운 상황이긴 하지만 기업은 물론 우리 개인들의 의식 있는 행동 증가로 미래가 조금씩은 밝아지고 있는 것 같습니다.

# Demography로 본 위기, 그리고 희망

또 다른 심각한 이슈는 한국을 포함한 몇몇 노동 시장이 직면하고 있는 심각한 '인구 통계학적 변화 문제'입니다. 특히 우리나라가 아주 심각한 상태에 빠져 있다는 것이 많은 전문가들의 공통된 의견입니다.

## [Topic 10-1] 위기로 치닫는 한국 노동시장의 Demography

한국 노동시장은 최근 몇 년간 급격한 인구통계학적 변화를 경험하고 있습니다. 이러한 변화는 노동력의 구조와 경제 전반에 큰 영향을 미치며, 다양한 Risk와 도전적인 기회를 제공하고 있습니다.

아래 그림에서 보면 우리나라의 인구구조가 어떻게 변화해 가고 있는지 명확하게 볼 수 있습니다.

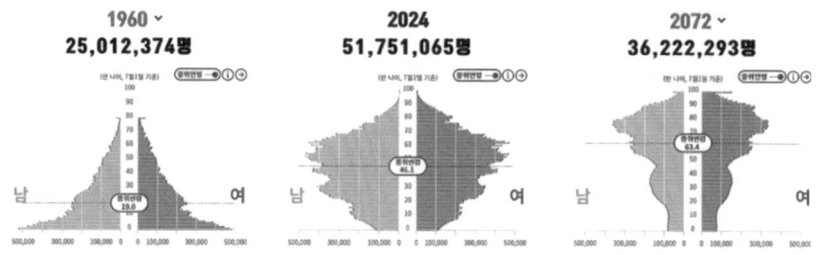

　무엇보다도 1960년 19세였던 전체 인구의 중위연령이 현재는 약 46세이고 2072년에는 63세가 되는 것으로 전망하고 있습니다. 이는 단적으로 한국 사회가 인구구조 차원에서 늙어가고 있음을 의미합니다. 그 결과 생산가능 인구도 줄어들고 있습니다. 이 감소를 심각한 리스크로 만드는 요인은 그 자체뿐만 아니라 생산활동에 참여하지 않고 생존하고 있는 노령인구의 증가입니다. 줄어드는 생산 연령대 인구가 책임져야 하는 노령인구에 대한 부담이 점점 증가하는 것입니다.

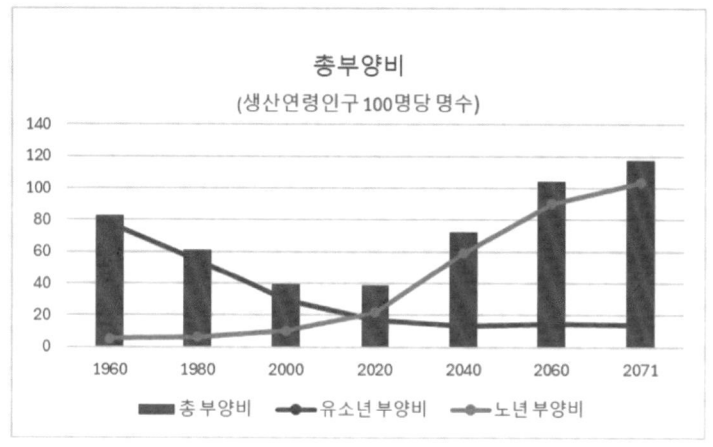

출처: kosis.kr (인구로 보는 대한민국) 데이터 기반으로 재구성

　통계에서 알 수 있는 또 하나의 특징은 우리 사회가 부담해야 하는 유소년

부양비가 계속 줄어 생산연령인구 100명당 11~14명 수준이 된다는 사실입니다. 바로 저출산 문제입니다.

복잡하지만, 어렵지만, 쉽게 얘기해 보면,

'일할 사람 수는 점점 줄어드는 반면 일 안 하고 사는 사람은 점점 늘어나고 있다. 게다가 출산율도 계속 떨어지면서 일할 사람 수가 줄어드는 추세는 더욱 가속화되고 있다.'

라고 정리해 볼 수 있습니다. 정말 위기가 실감나는 말입니다.

관련된 주요 이슈들을 좀 더 자세히 살펴보겠습니다.

## 고령화 사회 진입

한국은 세계에서 가장 빠르게 고령화가 진행되는 국가 중 하나입니다. 통계청의 예측에 따르면, 65세 이상 인구 비율이 2025년에는 20%를 초과할 것으로 보입니다. 이러한 고령화 추세는 노동시장에서 경험이 많은 노동자의 비율이 증가함을 의미하지만, 동시에 젊은 노동력이 부족함을 의미하기도 합니다. 이로 인해 산업 분야별로 인력 수요와 공급에 큰 변화가 생기는 것은 물론, 경제 성장과 생산성에 도전을 제기하고 있습니다. 또한, 고령화는 기업의 인사 정책, 연금 제도의 변화와 의료 서비스에 대한 수요 증가 등을 수반합니다. 이러한 변화에 대응하기 위해서는 기업과 정부를 중심으로 재교육 프로그램을 확대하고, 고령자의 경험을 활용할 수 있는 새로운 직업 모델을 개발해야 할 필요성도 커지고 있습니다.

## 출산율의 지속적 감소

한국의 출산율[5]은 세계에서 가장 낮은 수준으로, 2020년 기준 1명 미만으로 떨어졌습니다. 이는 장기적으로 노동시장에 유입되는 젊은 인구의 감소를 의미하며, 이는 노동력 부족을 초래하여 경제 성장 잠재력에 제약을 가할 수 있습니다.

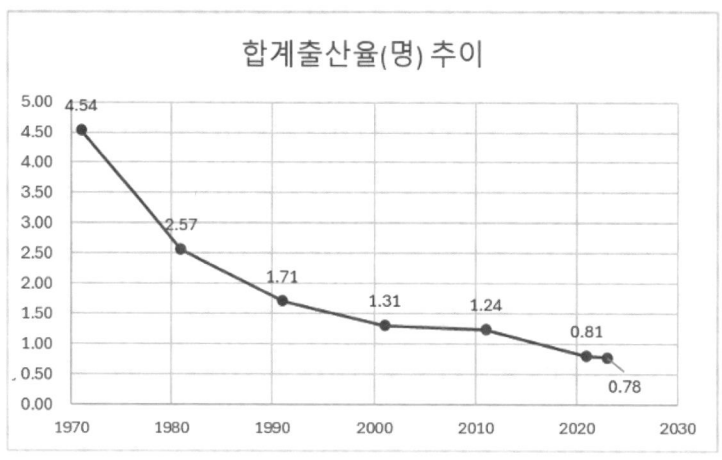

출처: kosis.kr (인구로 보는 대한민국) 데이터 기반으로 재구성

장기적으로는 이러한 변화로 인해 혁신 및 기업 활동에 필요한 동력이 약화할 위험이 있습니다. 이에 대응하여 우리 정부는 출산을 장려하는 다양한 정책을 시행 중이나, 아직까지 출산율은 세계 최저 수준을 기록하고 있습니다. 이 문제를 해결하기 위해서는 일과 가정의 균형, 여성의 직업 안정성 강화, 교육과 보육 지원 강화가 중요하다는 것이 많은 전문가들의 의견입니다.

---

5) 합계출산율: 가임(可妊) 여성(15~49세) 1명이 평생 낳을 것으로 예상되는 평균 출생아 수

## 여성의 노동시장 참여 증가

여성의 경제 참여율은 점차 증가하고 있는 추세입니다. 이는 사회 전반적인 성평등 의식의 향상, 여성의 교육 수준 상승, 그리고 경제적 필요성 증가에 따른 결과라는 평가입니다. 여성 노동력의 활용은 노동시장의 다양성을 증가시키고 경제적 생산성을 향상하는 중요한 요소로 작용하고 있습니다.

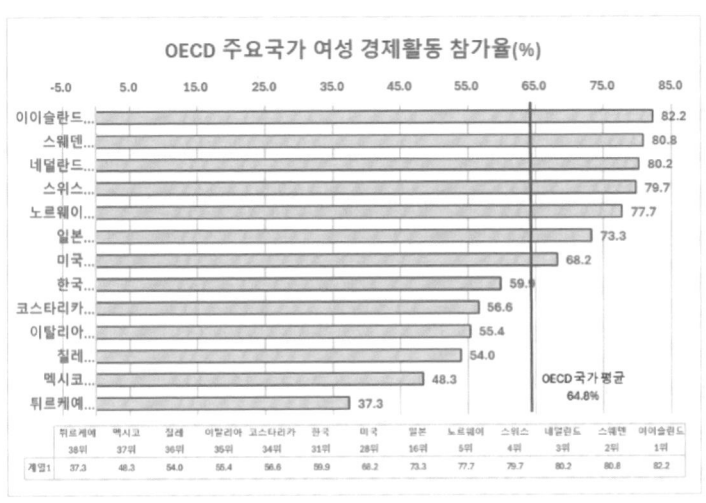

출처: 2021 OECD STAT.LFS – Sex and Age Indicators

그러나 여전히 남성에 비해 낮은 편이고 OECD 국가들의 평균보다 낮은 수준입니다. 이는 특히 출산 및 육아 문제와 관련이 깊습니다. 정부와 기업의 여성 친화적 정책 강화가 여성의 노동시장 참여를 더욱 촉진할 수 있습니다.

이상의 논의를 요약해 보면, 리스크와 기회 둘 다 있다고 할 수 있습니다. 고령화와 저출산으로 노동 생산성 감소, 젊은 노동력 감소, 정부의 재정적 부담 증가, 경제성장 동력 약화 등의 부정적 영향이 초래될 가능성이 높습니다. 반면, 여성 인력의 참여 증가를 포함한 다양한 연령대와 배경을 가진 노동력의 통합으로 노동 시장의 유연성이 향상될 수 있습니다. 이는 새로운 아이디어와 혁신을 촉진하고, 다양한 경험과 기술을 결합할 기회를 제공합니다. 이에는 유연한 근무 조건, 평생 교육 프로그램, 그리고 건강 관리 개선이 중요한 역할을 합니다.

한국 노동시장의 인구통계학적 변화는 위와 같은 다양한 위험과 기회를 내포하고 있습니다. 효과적으로 대응하기 위해서는 정부와 기업이 함께 협력하여 포괄적인 노동 시장 정책을 개발하고 실행하는 것이 필수적입니다. 이러한 정책은 경제적, 사회적 요구에 부응하며 인구 변화에 적응할 수 있는 유연성을 제공해야 합니다. 이는 또한 지속 가능한 성장과 사회적 안정을 위한 필수적인 조건이 됩니다.

## [Topic 10-2] 저출산-고령화가 드리우는 암울한 미래

영향의 심각성을 감안하여 저출산-고령화 문제의 영향에 대해서는 좀 더 자세히 살펴보겠습니다.

앞서 살펴본 거시적 영향 외에 사회적 영향 측면을 보면, 가족 구조가 소규모 단위로 변화하는 것이 점점 더 보편화되고 있습니다. 결과적으로 도시 지역, 특히 서울과 같은 대도시는 높은 인구 밀도와 소규모 가구 증가로 인해 주택 및 인프라와 관련된 어려움이 점점 더 심각해지고 있습니다. 반대로, 농촌 지역은 인구 감소와 고령화에 따른 다양한 경제적, 사회적 문제로 어려움이 심해지고 있습니다. 인구통계학적 변화도 많은 사회문제를 야기시키고 있다는 점을 잊지 말아야 합니다.

이상의 논의를 한번 정리해 보면 어떤 시사점을 얻을 수 있을까요?

최근 세상에서 벌어지고 있는 다양한 변화의 태피스트리로 인해 기업 세계에서도 새로운 이야기를 엮어가는 변화가 필요합니다. 많은 선진기업을 필두로 일부 한국 기업들도 이미 변화하기 위해 노력하고 있기도 합니다. 그중에 잘한다고 평가받는 기업도 있고 그렇지 않은 기업도 있습니다. 어떤 기준으로 그렇게 평가할까요?

앞서 좀 어려운 단어인 태피스트리라는 단어를 언급했습니다. 사전적으로는 직기(loom)를 이용해 씨실과 날실을 엮어 만든 직물 작품, 혹은 풍경, 인물, 정물 등의 그림이 들어간 다양한 직물 작품을 의미합니다. 이 정의에서도 알 수 있듯이 다양한 것들이 교차하고 엮여 나오게 되는 뭔가를 의미한다고 볼 수 있겠죠. 이번 장에서 소개한 각종 변화 관련한 것들이 태피스트리처럼 이렇게 저렇게 서로 엮이고 꼬이고 얽혀 있는 모양이고, 기업이 마주하고 있는 상황이 바로 이 실타래보다 더 복잡다단한 태피스트리를 잘 풀어내면서 생존을 위해 노력해야 하는 상황으로 해석할 수 있는 겁니다.

기술 변화로 인한 상품·서비스의 생산·공급 방식의 변화, 대외 Communication 강화를 통한 투명경영·정도경영과 같은 브랜드 관리, 기후위기 악화 방지를 위한 각종 규제 준수 및 자구책·개선책 마련·시행, 노동시장 구조의 급격한 변화에 따른 인적 자본 관리 개선 등 정말 암울한 무늬가 가득한 태피스트리입니다.

이렇게 복잡하게 얽혀 있는 변화의 소용돌이 속에서 기업은 단순히 수동적인 독자가 아닌 적극적인 스토리텔러가 되어 지속적으로 진화하는 세상에서 자신의 운명을 만들어가야 합니다. 변화를 수용하는 것이 단순히 위험을 완화하는 것이 아니라는 것을 이해해야 합니다. 그래야만 이러한 변화를 활용하여 탄력 있고 미래 지향적인 미래를 작성할 수 있다는 것은 많은 선진기업들이 이미 증명한 사실입니다. 여러분들도 유니레버, 네스프레소를 떠올릴 수 있겠죠? 이들은 어떻게 오래 지속되는 이야기를 만들어낼 수 있었을까요?

더욱 자세한 것은 이 책의 전반에 걸쳐 설명해 나가겠지만, 여기서 요점만 소개한다면 이렇습니다.

### "기업들은 '지속가능성'을 핵심 전략으로 통합해야 한다."

그래야만 글로벌 시장에서의 장기적인 회복력과 중요성도 담보될 수 있기 때문이죠. 여기까지 온 상황에서 이제 마지막으로 중요한 건 무엇일까요? 바로 여러분들입니다. 기업은 사람으로 구성되어 있습니다. 따라서 중요한 건 사람이죠. 따라서 위의 말을 다시 쓰면 다음과 같이 쓸 수 있습니다.

### "여러분들 스스로가 '지속가능성'을 핵심 전략으로 무장해야 한다."

그렇게 되야만이 여러분들이 들어가서 만들어 나가는 기업도 지속가능해지기 때문입니다.

이런 여러분들 중에 기존 세대와는 많이 다른 생각과 삶의 방식을 갖고 있는 그룹이 있죠. 소위 MZ 세대로 불리는 그룹이죠. 지금의 경영환경에서는 이 MZ 세대에 대한 이해와 공감이 매우 중요한 부분입니다. 왜냐하면 이제 곧 경제 무대는 그들이 주인공으로 활동하게 될 것이기 때문입니다. 다음 장에서는 글로벌 노동시장에서도 동일하게 벌어지고 있는 여러 변화상의 중심에 있는 MZ 세대의 특징과 그들의 등장이 우리에게 주는 의미가 무엇인지 알아보도록 하겠습니다.

## [Topic 10-3] 새로운 주축 세대: MZ, 알파! 그들은 누구인가?

앞서 살펴본 변화의 소용돌이 외에 전세계가 공히 맞닥뜨리고 있는 또 하나의 큰 변화가 있습니다. 바로 MZ 세대의 등장입니다. 이들은 이전 세대와는 아주다릅니다. 생각하는 것도 행동하는 것도. 중요한 것은 이제 그들이 우리 사회의 주도세력군으로 진입하기 시작했다는 점입니다. 사회 주도세력군에 점점 더 많은 MZ 세대가 진입하면서 우리 사회가 운영되는 방식도 많이 변화해야 합니다. 왜 그럴까요?

먼저 MZ세대만의 특징들이 형성된 독특한 역사적, 사회적 맥락을 살펴봅시다.

- **기술 발전과 디지털 탄생:** 급속한 기술 성장의 세계에서 태어난 MZ 세대는 디지털화의 영향을 크게 받았습니다. 이들의 삶은 인터넷, 소셜 미디어, 모바일 기술과 얽혀 디지털 활용 능력을 제2의 천성으로 키워줍니다. 이러한 맥락으로 인해 그들은 디지털 환경을 탐색하는 데 능숙할 뿐만 아니라 정보와 서비스에 대한 즉각적인 접근을 기대하는 습성을 갖게 되었습니다. [6]

- **경제적 현실:** MZ세대의 많은 구성원은 어린 시절부터 금융 혼란을 경험하면서 성장했습니다. 2000년대 후반의 금융 금융위기가 대표적이죠. 자연스럽게 그들은 금융에 대한 높은 관심을 갖게 되었고 그 어느 세대보다 실용주의를 중시하게 되었죠. 최근에 있었던 '영끌' 현상의 중앙에 이들이 있는 것은 우연이 아니죠. 이러한 경험으로 인해 금융

---

6)  koreatimes.co.kr – MZ세대의 마음 속

보안을 중시하고 경제적 결정에 있어 신중하면서도 혁신적인 세대로 자리매김하고 있는 것입니다. [7]

- **사회적, 환경적 인식:** MZ 세대는 사회 정의, 인권, 환경 문제에 대한 인식이 높아지는 시대에 성장했습니다. 이러한 인식으로 인해 진정성, 투명성, 지속 가능성이라는 가치에 부합하는 브랜드와 라이프스타일에 대한 선호가 상당히 높습니다. 소비자로서 그들의 행동은 종종 긍정적인 사회적, 생태학적 영향을 미치겠다는 의지가 반영된 결과라고 이해할 수 있습니다. [8]

- **세계화와 문화 노출:** MZ 세대는 그 어느 세대보다 개방적이고 적응력이 뛰어나며 글로벌한 특징을 갖고 있습니다. 인터넷과 소셜 미디어를 통해 촉진된 글로벌 문화와 다양한 아이디어, 엄청난 정보에 대한 즉각적 노출된 결과죠. 이로써 이 세대는 다양성을 포용하고, 포용성을 추구하며, 전통적인 규범과 경계에 도전하는 가능성이 높게 된 겁니다. [9],[10]

MZ 세대는 성장하는 과정에서 기술, 경제, 사회, 그리고 글로벌 영향을 받으며 형성되었습니다. 이들은 이러한 다양한 영향으로 인해 독특한 가치관과 기대를 가진 집단으로 자리매김하게 되었습니다.

그 결과 그들은 두려움 없는 소비 습관, 디지털 활용 능력, 자기 관리 및 브랜드 의식에 대한 강한 집중과 같은 특징을 보입니다. 이 집단은 단순한

7) https://www.aecf.org/blog/what-are-the-core-characteristics-of- 세대-z
8) theargus.org - MZ, 당신은 누구입니까?
9) https://kollectionk.com/what-is- Generation-mz
10) http://www.koreanlii.or.kr/w/index.php/Generation_MZ

소비에 관한 것이 아닙니다. 이들은 구매 선택을 통해 자신의 가치와 신념을 표현하고자 하는 '의미 있는 라이프스타일'과 '유연한 소비문화'를 구현합니다. 그들은 개인주의적이지만 세계적으로 인식하고 개방적이며 친환경을 옹호합니다. 이들의 삶의 선택은 투명성, 진정성, 인권, 공정성 문제와 깊이 얽혀 있으며, 이들의 행동이 생태학적, 사회적 발자국에 민감한 세대를 형성하고 있습니다. [11),12)]

이들의 특징에서도 알 수 있듯이 MZ의 등장은 우리 사회에 여러 가지 생각할 거리를 던져주고 있습니다. 긍정적 효과와 부정적 영향을 한번 살펴봅시다.

**긍정적인 효과:**

- **공감 및 사회적 의식:** MZ세대의 독특한 경험은 사회 문제에 대한 높은 수준의 공감과 깊은 이해를 갖게 해줍니다. 이를 기반으로 더 포용적이고 사회적으로 의식적인 행동은 물론 시대 흐름을 담은 정책 전환을 이뤄내는 데에도 큰 역할을 하고 있습니다. [13)]

- **좋은 소비에 대한 옹호:** MZ 세대는 윤리적 소비, 가치 소비에 열정을 갖고 있습니다. 때문에 지속 가능하고 사회적으로 책임 있는 제품을 옹호하는 경향이 매우 강하며, 미용 및 화장품 등을 위시한 다양한 산업에 큰 영향을 주기도 합니다. [14)]

11)  https://www.koreatimes.co.kr/ www/culture/2024/01/135_339490.html
12)  https://www.koisra.co.kr/korea-market-insights/mz- Generation-in-korea-trends-and-impact
13)  https://digitalcommons.unf.edu/cgi/viewcontent.cgi?article=1963&context=etd
14)  https://www.ncbi.nlm.nih.gov/pmc/articles/PMC9115150

- **디지털 혁신**: MZ 세대는 타고난 디지털 활용 능력을 바탕으로 여러 부문에 걸쳐 기술 혁신과 디지털 변혁을 주도하고 있습니다. 디지털 세대인 만큼 보다 효율적이고 연결된 서비스를 선도하는 데에도 앞장 섭니다. [15]

- **복원력과 적응성**: MZ세대는 더 높은 수준의 자기 향상과 변화에 대한 개방성을 보여줍니다. [16] 이는 빠르게 변화하는 글로벌 환경을 탐색하면서 적응해 온 그들의 경험을 통해 쌓인 성향으로 볼 수 있겠습니다.

- **시장 진화**: 두려움 없는 지출과 가치 중심 구매 등과 같은 독특한 소비자 행동은 기업들이 제품과 마케팅 전략을 혁신하고 적용하게끔 유도하는 영향력을 발휘하고 있습니다. [17]

**부정적 영향:**

- **세대 갈등**: MZ세대의 뚜렷한 가치관과 업무 스타일은 세대 간의 오해와 갈등을 초래할 가능성도 작지 않습니다. 특히 기성세대의 경우에는 세심한 관리와 격차 해소 노력을 통해 그들과의 공감을 확대할 필요가 있습니다. [18]

- **기업 내 HR 과제**: MZ세대의 출현은 기업 내 조직들의 기능, 의사소통, 문제 해결 등과 관련된 일하는 방식의 변화를 의미합니다. 기존 구조만으로는 그들과의 융합이 어려울 수 있는 만큼 구성원 모두가 행복

15) https://www/culture/2024/01/135_339490.html
16) https://link.springer.com/article/10.1007/s12144-022-03501-4
17) https://www.koreatimes.co.kr/www/culture/2024/01/135_339490.html
18) https://www.koisra.co.kr/korea-market-insights/mz-Generation-in-korea-trends-and-impact

해질 수 있는 방향으로 개선하고 보완해야 합니다. [19]

- **기업에 대한 높은 기대:** 투명성, 진정성, 기업 책임에 대한 요구에 강한 의지를 갖고 있습니다. 이는 기업들에 기존 비즈니스 모델과 커뮤니케이션 전략을 전면 개편해야 한다는 상당한 압력으로 작용하고 있기도 합니다. [20]

- **빠른 변화와 불확실성:** MZ 세대의 시대를 정의하는 빠른 변화와 높은 수준의 불확실성은 시장과 산업의 불안정으로 이어질 수 있으며 모든 이해관계자의 지속적인 경계와 민첩성을 요구합니다. [21]

앞 절에 살펴본 내용들과 연결해 보면, MZ 세대는 우리 사회에 다각적이고 즉각적인 영향력을 발휘할 수 있습니다. 긍정적 효과 측면에서는 그들의 잠재력을 활용하기 위한 새로운 고민이 필요하고, 부정적 영향 관련해서는 다양한 차원의 개선, 보완, 혁신을 통해 적응하고 대응해야 합니다.

## [Topic 10-4] MZalpha의 가치·행태 변화의 임팩트

MZ 세대가 주도 세력으로 진입함에 따라 그들의 영향력은 점점 더 뚜렷해지고 있습니다. 그들은 단순한 소비자가 아니라 트렌드세터이며, 기업과 사회 변화를 이끄는 원동력 역할을 할 수 있습니다. 그들의 가치 중심 소비 패턴을 놓고 보면, 기업들은 지속 가능하고 윤리적으로 건전한 관행으로 전환

19) https:// www.researchgate.net/publication/352374489_Generation_Z_in_the_Workplace_through_the_Lenses_of_Human_Resource_Professionals_-_A_Qualitative_Study
20) https://www.aecf.org/ 블로그/Z세대의 핵심 특성은 무엇입니까
21) https://www.koisra.co.kr/korea-market-insights/mz- Generation-in-korea-trends-and-impact

해야만 합니다. 더 나아가 진정성, 투명성, 사회 정의를 향한 이 세대의 성향을 고려하면 기업과 기관의 운영 방식은 근본적으로 변화해야 합니다. 이전보다 포용적이고 공정하며 지속 가능한 미래를 추구해야 합니다.

현실적인 사례나 예시를 좀 더 살펴보면 더 이해도가 깊어질 겁니다. 한번 살펴봅시다. MZ 세대의 선호도와 행동은 기업에 큰 영향을 미쳐 주목할 만한 변화를 가져왔고 경우에 따라 위기를 초래했습니다.

- **기아차의 전략적 변화:** 기아자동차는 환경과 윤리적 가치를 최우선으로 생각하는 기업을 선호하는 MZ 세대의 성향을 인정했습니다. 이러한 이해를 바탕으로 기아는 MZ 세대의 관심을 끌 수 있도록 기업 전략을 조정하고 브랜딩 및 운영에서 재미있고 유용한 콘텐츠, 지속 가능한 관행을 강조했습니다.[22]

- **명품 및 가전 부문:** 고가의 명품, 가구, 가전제품에 투자하려는 MZ 세대의 의지로 인해 해당 부문의 기업은 인구통계학적 디지털 및 고품질 기대치를 충족하기 위해 제품을 혁신하고 맞춤화하게 되었습니다.[23]

- **기업 시스템 개혁:** 많은 기업들이 MZ 세대 직원의 혁신적인 아이디어를 시스템에 반영하고 그들이 주요 프로젝트 추진에도 적극 참여할 수 있도록 기업 문화와 프로젝트 관리 체계를 변화시키고 있습니다.[24]

- **금융 산업의 적응:** MZ세대의 투자 패턴을 인지한 증권사가 소규모 투자와 특정 유형의 금융상품에 대한 선호에 맞는 상품을 발 빠르게 출

---

22)  현대모터그룹.com – 기아와 MZ 사이에 무슨 일이 일어나고 있다
23)  https://daxueconsulting.com/mz- Generation-in-south-korea
24)  koreanlii..or.kr/w/index.php/Generation_MZ

시하는 등 금융기관의 상품과 전략에도 큰 변화를 일으키고 있습니다.[25]

MZ 세대의 선호와 행동으로 인해 기업이 전략적 변화를 일으키고, 제품 제공을 혁신하고, 기업 문화를 혁신하여 이러한 영향력 있는 기업의 가치와 기대에 부응하게 되었다는 것은 분명합니다.

인구 구성만 보더라도 최근 통계청이 발표한 자료에 따르면 전체 인구 약 5,100만명 중의 40%에 해당하는 약 2,100만명이 MZ 세대로 분류할 수 있습니다. 이미 MZ는 사회의 주축 세력입니다. 현실 세계에서 MZ 세대가 얼마나 중요해지고 있는지 사례를 보면서 생각해 봅시다. 증권사 등 금융기관에서 금융에 관심 많은 세대 MZ를 위해 매우 발 빠른 변화를 실행했죠. MZ 세대의 투자 패턴과 선호도에 맞춰 상품을 맞춤화해 왔습니다. 그들을 주요 고객으로 하는 제품들이 많이 출시되었습니다.

- **지속 가능하고 윤리적인 투자 옵션:** 증권사는 MZ세대의 윤리적이고 지속 가능한 투자 선호를 인식하여 사회책임펀드, 녹색채권 등 다양한 녹색투자 상품을 제공하고 있습니다. MZ 세대의 환경 보존과 사회적 책임을 우선시하는 특성을 감안한 상품들입니다.[26]

- **창조적인 금융 투자:** MZ세대의 혁신적이고 기업가적인 정신에 부응하기 위해 증권사는 새롭고 창의적인 금융투자 상품도 선보이고 있습니다. 여기에는 스타트업, 크라우드 펀딩 플랫폼 및 기타 비전통적인 투

25) jbpresscenter.com – [Social Scope] MZ세대의 문화를 알아보자
26) mdpi.com – 녹색성에 대한 투자 패턴 및 태도

자 기회에 대한 투자가 포함됩니다.27)

- **기술적으로 진보된 투자 플랫폼:** 고급 온라인 거래 플랫폼, 모바일 투자 앱, 로보어드바이저 서비스 등은 MZ 세대의 디지털 원주민 특성에 맞춘 사용자 친화적인 투자 경험을 제공하는 서비스입니다.28)

이러한 상품은 MZ 세대의 역동적이고 가치 중심적이며 기술적으로 능숙한 성격을 반영하여 이들의 투자 패턴과 선호도가 증권사에 잘 반영되도록 디자인되어 있습니다.

이상 살펴본 간단한 내용들만 보더라도 불확실성과 급격한 변화로 점철된 시대에 단지 트렌드가 아닌 삶과 비즈니스에 대한 근본적인 접근 방식으로서 지속 가능성의 대의를 옹호하는 MZ 세대의 역할은 중추적임을 충분히 짐작할 수 있습니다.29)

이런 측면에서 볼 때 MZ의 등장과 사회 진입으로 인해 우리 사회에서는 서서히, 하지만 매우 본질적인 차원의 변화가 시작되었다 할 수 있습니다.


## [Topic 10-5] 마지막 첨언: 그래도 희망은 있다!

추가로 한 가지 더 얘기하고 이번 이야기를 마무리하겠습니다.

인구통계학적 변화로 인한 미래가 마냥 암울하지만은 않을 것이라는 점을

---

27)  dkherald.dankook.ac.kr – MZ세대를 위한 새로운 투자
28)  [[2](https://www.nldinnovision.com/index.php/nldimsr/article/view/76)].
29)  https://kollectionk .com/what-is- Generation-mz

말씀드리고 싶습니다. 만약에 기술수준, 삶의 방식, 일하는 방식 등이 전혀 변하지 않은 채 인구 변화를 동반한 미래가 온다면 정말 패닉이겠죠? 하지만 여러분들도 매일 경험하고 목격하고 있듯이 우리 주변에 많은 변화가 일어나고 있습니다. 특히 기술의 변화가 줄 임팩트가 중요하다고 생각합니다. 그 변화로 인해 향후 생산인구에 해당하는 개인들의 생산성은 지금보다 엄청나게 높은 수준으로 증가하게 될 것입니다. 이것은 10년 전, 20년 전의 일하는 방식이나 생산성과 비교해 보면 자명한 일입니다. 여러분들이 시대의 변화에 맞춰 필요한 능력들을 갈고 닦아 장착하게 된다면 오늘날 생산량의 몇 배에 달하는 결과를 만들어 낼 것이고, 받는 보상도 그에 따라 증가하게 될 것입니다.

우리에게 주어진 하루는 24시간이지만 시간당 생산성은 지금보다 월등한 수준으로 증가하게 된다는 말입니다. 따라서 노인 부양비가 계속 커지는 암울한 미래라는 것도 이런 시각에서 보면 크게 걱정할 문제가 아닐 수도 있습니다.

여러분 개인 입장에서는 다음 Part에서부터 자세히 소개할 내용을 이해하고 준비를 한다면 오히려 크게 성공할 기회가 많은 시대를 맞이할 수도 있음을 강조하고 싶습니다.

PART

03

성공의 Secret Key

# 사회적 가치(Social Value, SV)
# 의식 있는 비즈니스의 핵심

## [Topic 11-1] 도대체 SV가 무엇이길래?

끊임없이 변화하는 비즈니스 환경에서 '사회적 가치'라는 용어는 이사회나 CSR 보고서에서 사용되는 전문 용어가 아닙니다. 이는 의식 있는 기업의 핵심이 되고 있습니다. 이 개념을 풀어볼까요? 우선 그 정의부터 살펴보겠습니다.

사회적 가치는 **사회가 직면하고 있는 다양한 문제들을 해결함으로써 창출되는 가치로서 기업 경영활동이 "사회문제" 해결에 기여한 "사회성과"의 총합**으로 정의할 수 있습니다. 좀 더 살펴봐야 할 개념들이 있네요. 먼저 '사회문제'가 무엇일까요? 기업경영 측면에서 보자면, 사회문제는 기업 구성원 또는 사회 다수가 **바람직하지 않다고 판단하거나 해결의 필요성을 공감하는 사회적 이슈**를 지칭합니다. 두 번째로 '사회성과'는 기업 경영활동을 통해 사회문제를 해결하면서 발생하는 긍정적·부정적 영향을 의미합니다. '성과'라는 단어가 들어가 있지만 '부정적 영향'도 포함하고 있다는 점이 주목해야 할 부분입니다. 결과적으로 사회적 가치를 최대한 창출한다는 것은 긍정적 영향과 부정적 영향을 합쳐서 그 순 영향을 가능한 많이 만들어 내는 것을 의미하게 되죠. 모든 결과가 긍정적일 수는 없지 않겠습니까? 따라서 가능한 부정적인 것보다 긍정적인 것을 많이 창출하고, 더 나아가 부정적인 것은 줄이면서 그 종합적 영향을 크게 하자는 취지로 보면 됩니다.

사회적 가치는 그간 우리가 많이 들어온 사회 공헌과는 아래 표에서 보듯이 전혀 다른 개념으로 이해해야 합니다. 특히 경제적 이윤(Economic Value, EV)과의 관계에서 그 차이가 도드라집니다.

**SV와 CSR의 차이**

| | 사회적 가치(SV) | 사회공헌(CSR) |
|---|---|---|
| 전략적 태도 | 사회문제 해결을 통한 Biz 기회 창출, 시장확대 및 사회변화에 능동적 대응 | 사회적 책임 수행: 의무 + 자발성 여론 및 Reputation 관리 |
| 범위 | Main Biz 전 프로세스와 연계 Or Main Biz 자체 | Main Biz 경영과 분리 Or 경영의 일부로 관리 |
| 담당 조직 | 모든 부서 | CSR/CR 부서 |
| EV와의 관계 | 이윤추구와 병행, 상호작용 | 이윤추구와 Trade-Off 관계 |

출처: 저자 재구성

사회 공헌은 경제적 이윤 추구와 Trade-off 되는 관계에 있죠. 기업의 자원을 사용해서 실행하고 나면 그걸로 끝이기 때문이죠. 쉬운 예로 연말에 많이 볼 수 있는 취약계층을 위한 다양한 지원 (난방 원료, 음식물, 단체 운영비 등)이나 위기 상황 발생 시 구호 자금 지원 등을 생각해 볼 수 있습니다. 하지만 사회적 가치는 '사회문제 해결을 통한 Biz. 기회 창출, 시장 확대 및 사회 변화에 능동적 적응' 등을 통해 가치를 추가로 창출해 내는 것이죠.

예를 보면서 좀 더 명확하게 이해해 봅시다. 깨끗한 물이 부족해서 잘 마시지도, 씻지도 못하는 지역에 거주하는 사람들의 문제를 생각해 보죠. 일단 그 사람들은 식수 부족은 물론 불량한 위생으로 큰 고통을 받고 있을 수 있습니다. 결과적으로 '식수 부족', '비위생적 환경', 씻을 물 부족에 따른 '불결한 신체 상태'와 그에 따른 '취약한 건강 상태' 및 '건강 악화 위험 노출' 등을 생각해 볼 수 있겠죠. 사회 공헌 차원에서는 그 지역에 깨끗한 물을 직접 공수해서 지원하거나, 의료진이 건너가서 건강 상태를 점검해 보고 필요한 의료서비스를 지원해 주는 것을 생각해 볼 수 있겠죠. 이건 지원된 물을 다 소비하거나 의료진이 떠나고 지원된 의료품이 소진되면 그 지역 사람들은 다시 이전 상태와 같은 열악한 상황에 놓이게 되겠죠. 기업은 그렇게 자원을 사용해서 지원하고 나면 그걸로 끝입니다. 다만, '고마운 기업'이라는 이미지는 남길 수 있겠죠. 하지만 더럽고 오염된 물을 정화할 수 있는 반영구적 기술적 장치를 설치해서 깨끗한 물을 끊임없이 공급받을 수 있게 해준다면 어떨까요? 이게 어떤 것인지 짐작이 가시죠? 지금은 우리들 집 어디에서나 쉽게 볼 수 있는 정수기가 바로 그것이죠. 저런 기업이 사회문제 해결을 위해 기술 개발을 통해 문제 해결과 동시에 다른 한편에서 좋은 상품을 만들어내게 된 것이죠. 이제 좀 명확하게 이해가 되죠?

재미난 사례 하나 더 보고 갈까요? 전 세계적으로 물 부족 문제는 매우 심각한 현상입니다. 우리나라도 '물 부족' 국가 대열에 포함될 수도 있습니다. 다음 표는 주요 국가별로 한 사람이 하루에 얼마의 물을 사용하는지 보여줍니다.

| 국가 | 사용량* | 국가 | 사용량* | 국가 | 사용량* |
|---|---|---|---|---|---|
| 칠레 | 5,943 | 튀르키예 | 1,993 | 소말리아 | 926 |
| 미국 | 3,750 | 일본 | 1,742 | 브라질 | 841 |
| 핀란드 | 3,414 | 대한민국 | 1,671 | 케냐 | 231 |
| 캐나다 | 2,740 | 벨기에 | 1,523 | 앙골라 | 99 |
| 인도네시아 | 2,329 | 중국 | 1,176 | 콩고 | 38 |

자료: Worldometer, Water Use Statistics, 2024
* 사용량(리터)은 1인당 하루사용량을 나타냄

국가별로 많이 쓰는 곳과 적게 쓰는 곳간의 차이가 엄청나죠? 사용량이 적은 나라에는 뭔가 문제가 있을 수도 있겠구나 하고 생각하게 됩니다. 초점을 조금 좁혀서 이용 가능한 물이 깨끗하기는 한데 그 공급량이 부족한 지역의 문제로 좁혀 살펴봅시다. 이런 지역에서는 공급량 확대를 위한 노력도 해야 하지만, 반대로 물 사용을 효과적으로 줄이는 것도 문제 해결에 아주 좋은 방법이겠죠. 뭘 줄일 수 있을까? 여러 가지가 있겠지만 우리 몸을 씻는데 사용하는 물의 양을 생각해 봅시다. 이 과정에서 물이 많이 소비되는 이유는 무엇일까요? 주로 세정제(비누, 샴푸 등)를 닦아 내야 하기 때문이죠. 그래서 한 기업이 고민 끝에 특이한 샴푸를 개발해 냅니다. 머리를 헹굴 때 필요한 물의 양을 획기적으로 줄여준. 바로 유니레버의 'Love Beauty and Planet'이라는 헤어케어 제품입니다. 이 브랜드의 컨디셔너로 미국의 모든 여성이 머리 헹구는 시간을 한 번에 10초만 절약하면 그 해 50만 명의 물 수요를 모두 충족할 만큼 물을 절약할 수 있다고 합니다. 엄청나죠? 좋은 상품을 만들어서 물도 절약하고, 경제적 가치도 만들어내고. 그러면 여기서 뭐가 사회적 가치일까요? '50만 명이 쓸 수 있는 절약된 물'이 바로 그것입니다. 이렇게 하는 것이 사회적 가치 창출을 추구하는 것입니다.

## [Topic 11-2] SV는 왜 중요할까?

지금까지 얘기한 것을 조금 딱딱하게 정리해 봅시다.

사회적 가치의 핵심은 조직의 행동이 사회에 미치는 광범위한 영향을 평가하는 것입니다. 이는 전통적인 성공 지표를 넘어서는 단계입니다. 이익과 성장 차트는 훌륭하지만 사회적 가치는 "또 뭐가 있지?"라고 묻습니다. 이는 기업이 어떻게 사람들의 삶, 지역사회, 환경을 풍요롭게 하는지 궁금해합니다. 이는 "우리 사업은 좋은 이웃인가?"라고 묻는 것과 같습니다. 이는 '의무적'으로 환원하는 것이 아니라 비즈니스 전략의 DNA 자체에 긍정적인 사회적 영향을 통합하는 것입니다.

역사적으로 기업은 대부분 수익, 즉 이익을 추구했습니다. 하지만 앞 장에서 살펴봤듯이 시대는 격변하고 있고, MZ 세대를 포함한 대중의 기대도 변하고 있습니다. 이제 사람들은 기업을 보며 "당신은 사회에 어떤 가치를 더하고 있습니까?"라고 묻습니다. 중요한 것은 무엇을 판매하는지 뿐만 아니라 이를 통해 어떻게 세상을 더 나은 곳으로 만들 수 있는지에 관한 것입니다. 본질적으로 사회적 가치는 반찬이 아닙니다. 현대 비즈니스 식탁에서 '메인 디시'가 되고 있습니다. 이는 '무슨 일이 있어도 이익'에서 '목적이 있는 이익'으로 전환하는 것을 보여줍니다.

사회적 가치 창출이 실제로 어떤 모습일지 상상이 되시나요? 이는 사회적 문제를 해결하는 제품·서비스 개발, 친환경 관행 채택, 공정 거래 및 윤리적 공급망 보장 등을 의미할 수 있습니다. 이는 모든 비즈니스 결정의 파급 효과를 살펴보고 "우리는 더 나은 세상에 기여하고 있는가?"에서 시작하는 것을 의미합니다. 이는 기업이 경제 성장의 원동력인 동시에 사회 복지의 청지기 역할을 할 수 있음을 인정하는 것입니다. 여러분들은 선택을 통해 그들의 진정성을 평가하고 심판합니다. 이러한 관점의 변화로 인해 기업은 재무제표를 넘어서는 역할과 책임을 재정의해야만 하는 것이지요. 사회적 가치는 기업의 도덕적 의무를 넘어 전략적 의무이자 선택이 된 것입니다. 이를 인식하지 못하거나 따르지 않는 기업은 바람의 방향 변화를 무시하는 선박과 같아서 뒤처지거나 잘못된 방향으로 흘러 고꾸라질 위험에 빠질 수 있습니다. 의

도적으로 따르지 않을 경우는 더 심각하죠. 지금 이 시대에는 숨길 수 있는 게 거의 없으니까요. 반면, 이를 수용하는 기업들은 더 포괄적이고 '지속 가능'한 지평을 향해 희망찬 항해를 시작할 수 있게 될 겁니다. 신뢰를 구축하고, 충성도를 높이고, 지속 가능한 성장을 촉진하는 데 큰 도움을 받을 수 있을 것입니다

결론적으로 사회적 가치는 더 큰 그림을 그리는 것입니다. 이는 기업이 이익 창출뿐만 아니라 긍정적인 사회 변화를 위한 촉매제 역할도 진정성 있게 실행해야 한다는 이야기입니다.

## [Topic 11-3] SV와 성공! 어떤 관계가 있는 건가?

많은 연구에서 '사회적 가치 추구가 몸에 배어 있는 사람일수록 매우 강력한 성공 인자가 DNA 속에 자리 잡을 가능성이 높다'는 얘기를 하고 있습니다.[30] 뭐가 어떻게 되길래 DNA에까지 자리를 잡을 수 있을까요?

사회적 가치에 대한 의식을 갈고 닦게 되면,

① 자신의 학습과 성장을 주도하는 능력
② 팀워크, 리더십, 갈등 해결 같은 중요한 Social Skill 능력
③ 복잡한 문제 해결, 비판적 사고, 그리고 사회적 상호작용에서 필요한 윤리적 의사결정 능력

---

30) Canestrino et al. (2019), Creating social value through entrepreneurship: the social business model of La Paranza
Wenjie Wang (2022), 'Toward Economic Growth and Value Creation Through Social Entrepreneurship: Modelling the Mediating Role of Innovation' Frontiers in Psychology Vol13, 2022

④ 넓어진 세계관과 더불어 문제 해결에 필수적인 창의력과 혁신 능력

⑤ 글로벌화된 세계에서 다양한 문화와 배경을 이해하고 존중하는 자세

⑥ 감정 지능 발달을 통해 타인과의 관계에서 더 나은 의사소통, 공감 능력, 그리고 갈등 관리 능력

등이 갖춰진다고 합니다. 위의 능력들이 '성공'을 위한 충분조건은 아니지만 분명히 '필요조건'이긴 합니다. 역으로 성공한 사람이나 기업과 같은 조직들의 특성을 살펴본다면 위의 능력이 갖춰진 사람·조직임을 쉽게 알 수 있습니다.

어떤 종류의 능력이든 단기간 내에 갑자기 갖추는 것은 불가능합니다. 짧지 않은 일정기간 학습, 수련, 준비, 반복, 훈련 등등을 통해서만이 갖출 수 있다는 점은 누구나 알고 있는 사실이죠. '성공'도 마찬가지입니다. 갑작스러운 성공은 절대 없습니다. 하지만 준비한다면 성공은 충분히 가능합니다. 특히 '사회적 가치'로 무장한다면 그 가능성은 더욱 높아집니다. 앞서 말씀드렸듯이 학자들도, 그리고 현실 세계의 성공한 사람들의 사례들도 이를 증거하고 있습니다. 이러한 이야기는 기업에 대해서도 마찬가지입니다.

# 기업이 하는 SV: CSR

## [Topic 12-1] CSR은 비즈니스 그 이상이다

[기업의 사회적 책임 (Corporate Social Responsibility, CSR)의 기원: 초기 개념]

CSR의 단초는 급속한 경제 성장과 심각한 사회 변화로 특징지어지는 산업화의 여명기에 찾아볼 수 있습니다. 19세기 말과 20세기 초를 상상해 보십시오. 도시는 노동자들로 부풀어 오르고, 공장은 호황을 누리고 있으며, 부유한 산업가와 노동계급 사이의 격차는 계속 심화하고 있었습니다.

그런 와중에도 몇몇 미래 지향적인 비즈니스 리더들은 사회적 영향을 고려하지 않고 오로지 이익만을 추구하는 것이 맞을까 하는 의문을 제기하기 시작했습니다. 그들은 기업이 지역사회의 필수적인 부분으로서 소유자를 위한 부를 창출하는 것 이상의 책임을 지고 있다는 것을 인식하기 시작했습니다. 당시 CSR의 개념은 기업이 자신의 자원과 인력을 끌어온 사회의 복지에 기여해야 한다는 신념에 기초하고 있었죠. 이런 이유로 구조화된 프로그램보다는 자선 활동과 윤리적인 사업 관행에 관한 것이 많았습니다. 법적 의무가 아닌 도덕적 의무감을 기초로 근로자에게 주택, 의료, 교육 제공 등 주로 근로자 복지와 지역 사회 개발에 초점을 맞춘 '시혜적' 특성이 강했습니다. 영국의 Cadbury 및 Lever Brothers, 미국의 Johnson & Johnson과 같은 회사기 직원 복지를 비즈니스 모델에 통합한 선구자들이었죠.

---

### 《《주목할 만한 선구자들》》

George Cadbury – Cadbury의 창립자인 George는 직원 복지 분야의 선구자였습니다. 그는 노동자들을 위해 본빌(Bournville)이라는 모델 마을을 건설했습니다. 마을에는 고급 주택, 정원 및 레크리에이션 시설이 포함되어 있습니다. 그의 믿음은 만족스러운 인력이 더 나은 생산성으로 이어질 것이라는 것이었습니다.

William Lever – Lever Brothers(현재 Unilever의 일부)의 창립자인 William Lever는 직원의 생활 조건에 깊은 관심을 보인 또 다른 산업가였습니다. 레버는 노동자들을 위한 마을인 포트 선라이트(Port Sunlight)를 건설하여 노동자들에게 적절한 주택과 편의 시설을 제공했습니다. 그는 기업이 근로자의 생활 수준을 향상하면서 수익성을 높일 수 있다고 믿었습니다.

로버트 오웬(Robert Owen) – 흔히 CSR의 아버지로 여겨지는 로버트 오웬(Robert Owen)은 사회 개혁가이자 스코틀랜드 뉴 라나크(New Lanark)에 면직 공장을 소유한 사업가였습니다. 그는 공장의 근무 조건을 개선하고, 근무 시간을 줄이고, 공정한 임금을 보장하는 데 중점을 두었습니다. 그의 계획에는 주택 건설과 노동자 자녀를 위한 교육 제공이 포함되었습니다.

John Spedan Lewis – 그는 영국의 유명한 소매업체인 John Lewis Partnership의 창립자였습니다. 스페단 루이스(Spedan Lewis)는 직원 소유권과 이익 공유라는 개념을 도입했습니다. 그는 직원들이 사업에 대한 이해관계를 갖고 그 성공을 공유해야 한다고 믿었습니다.

아니타 로딕 − The Body Shop의 창립자인 Anita는 기업 사회 활동의 선구자였습니다. 그녀는 사회적, 환경적 원인을 비즈니스 모델에 통합했습니다. 동물 실험에 대한 그녀의 확고한 입장과 공정 무역 관행에 대한 지지는 윤리적 소비주의의 길을 열었습니다.

이들 리더들은 기업이 선의를 위한 힘이 될 수 있음을 보여 주었고, 기업의 성공은 단지 주주 가치 극대화에 달려 있다는 통념에 도전했습니다. 그들의 작업은 현대 CSR 관행의 토대를 마련했으며, 사회 복지를 비즈니스 전략에 통합하는 것이 지속 가능한 성공으로 이어질 수 있음을 입증했습니다.

본질적으로 CSR의 기원 이야기는 비즈니스 성공과 사회 복지가 상호 배타적인 것이 아니라 지속 가능한 성장과 사회 발전을 이끌 수 있는 서로 얽힌 요소임을 인식한 비전 있는 그들의 이야기입니다.

산업혁명 이후 진행된 경제발전 과정에서 많은 기업들이 생겨나고 성장하며 좋은 성과도 이루었죠. 경제적 성과를! 이런 와중에 CSR이 태동했다는 것은 '문제를 찾아내는' 사람들이 있었음을 의미합니다. 경제발전과 더불어 다양하게 발생하는 사회문제를 인식하고 해결 방법을 고민하고 실행에 옮겼다는 것이 오늘을 사는 우리에게도 여전히 중요한 교훈입니다.


## [Topic 12-2] CSR은 계속 진화하는 생물이다!

그런데 초기 시절의 자선 활동과 윤리적 기업 활동 중심의 CSR 활동이 어떻게 오늘날의 정교한 CSR 전략으로 탈바꿈할 수 있었을까요? 어떻게 자발적인 선의의 표현에서 비즈니스 전략의 필수적인 부분으로 전환하게 되었을까요? 기업이 직원, 지역 사회 및 환경과 상호 작용하는 방식을 형성하는 CSR의 후속 발전이 어떻게 가능했을까요?

## 20세기 중반: 기초 다지기…

20세기 중반, 기업 세계 내에서 지각 변동이 시작되고 있었습니다. 이 시기는 전후 재건과 경제 발전을 위한 기업의 역할 뿐만 아니라 사회 전반의 구성 요소로서도 해야 할 역할이 중요하다는 인식이 커지기 시작한 시기이기도 했습니다. CSR의 토대가 이때 만들어지기 시작했으며, 기업들은 손익 계산서를 넘어서 자신들의 커뮤니티와 환경에 미치는 영향까지 살피기 시작했던 것이죠.

이 시기는 악수 한 번이 계약서보다 더 의미 있었고, 회사의 가치는 주가뿐만 아니라 사회에 대한 기여로도 측정되기 시작했습니다. CSR의 아버지로 불리는 하워드 보웬은[31]

> "CSR은 광범위한 이해관계자를 위한 복지를 창출함으로써
> 기업이 사회 정의와 경제적 번영이라는 목표를 달성하도록
> 도울 수 있습니다."

라며 주주들에게 이익을 창출하는 것을 넘어 기업들이 가지고 있는 의무 이행을 강조했습니다. 이런 내용을 담고 있는 그의 저서 "사업가의 사회적 책임"은 기업들이 사회적 영향을 고려해야 한다는 사회적 관심과 대화를 촉발

---

31) 다양한 정부 업무를 시작으로 Illinois 대학교 학장, Grinnell College 총장 등을 역임한 미국의 경제학자로 CSR에 대한 학문적 개념과 연구의 창시자로 인정받고 있음

했습니다.

오늘날에도 여전히 수익성과 사회적 책임 사이의 균형을 맞추는 것이 미묘한 부분인 만큼 이 이슈는 당시에도 마찬가지였습니다. 하지만 CSR에 대한 관심이 계속 높아지고 실행 노력도 강화되면서 기업 비즈니스의 초점도 그에 맞게 전환되기 시작했습니다.

이익 마진에서 노동자의 복지로, 산업 생산에서 환경 관리로!!

기업들이 정체성의 본질적인 부분으로 사회 복지를 자신들의 비즈니스 모델에 통합하기 시작한 것입니다. 오늘날 우리가 목격하는 CSR 흐름의 씨앗이 자기 성찰과 혁신의 시기였던 20세기 중반에 뿌려졌던 것이죠. CSR을 비즈니스의 주변적 개념에서 핵심 전략으로 변화시키는 중요한 기초가 마련됐으며, 기업과 사회 간의 관계도 근본적으로 변화하게 된 것입니다.

## 1970년대 이후: 본격적인 흐름 형성기

1970년대가 밝아오면서 세상은 더욱 가열차게 변화하기 시작했습니다. 사회적 격변, 환경 운동, 글로벌 상호 연결성에 대한 인식이 더욱 높아졌습니다. 비즈니스 환경도 이러한 변화 흐름에서 벗어날 수 없었습니다. CSR 개념은 더 이상 주변 아이디어가 아니었습니다. 서서히 주류 정신으로 진화하기 시작했으며, 이 역동적인 시기에 더욱 정교한 모습을 갖추게 되었습니다.

'70~'80년대에 CSR은 이러한 변화의 본질을 포착하는 전문 용어였습니다. 기업들은 자신들의 책임이 이사회의 벽과 대차대조표의 경계를 넘어 확장된다는 사실을 깨닫기 시작했습니다. 사회적으로 의식이 있는 비즈니스 리더들이 등장하여 기업이 오식 이익 창출만을 위해 존재한다는 전통적인 관념에 도전했습니다. 대신 그들은 기업이 사회와 환경에 긍정적으로 기여할 의무가 있다고 주장했습니다.

또한 이 시기에는 기업들의 다양한 대외적인 CSR 이니셔티브가 탄생합니다. 환경에 대한 관심은 친환경 관행의 확립으로 이어지고, 지역사회 개발, 교육, 의료 프로젝트 등에도 기업들의 적극적인 참여가 증가한 시기입니다.

대내적으로는 직장 윤리와 직원 권리에 관한 논의가 활발해졌습니다. 만족스럽고 공정한 대우를 받는 직원이 장기적인 성공에 중요하다는 인식이 강화되면서 기업들은 인력에 투자하기 시작했습니다.

본질적으로 '70~'80년대는 CSR이 결정적인 형태를 취한 시기였습니다. 이는 추상적인 아이디어에서 책임 있는 운영에 대한 회사의 약속이 반영된 구체적이고 현실적인 제도로 자리 잡게 된 것입니다.

이런 흐름의 핵심은 기업들이 수익성과 사회적 양심의 균형을 맞추는 것이 단지 좋은 윤리가 아니라 좋은 사업이라는 점을 인식하기 시작했다는 점입니다. 그렇기 때문에 이 시대에 마련된 토대가 오늘날 우리가 볼 수 있는 정교한 CSR 전략을 가능케 해준 것이죠. CSR의 흐름은 계속 진화하고 있는 것입니다.

## 90년대: 지역, 나라를 넘어 세계로!

세계화가 급속히 가속화된 1990년대는 CSR을 완전히 새로운 차원으로 옮겨 놓았습니다. 특히 국가의 경계를 넘어 글로벌 필수사항이 된 시기였죠.

세계화와 인터넷 등 기술의 발전으로 90년대에는 세상이 더 작아졌습니다. 인터넷 붐과 다국적 기업의 부상으로 인해 기업이 국경을 넘어 영향을 미치는 것이 당연한 일상이 되었습니다. 기업의 책임은 더 이상 자국의 사회적, 환경적 책임에만 국한되지 않았습니다. 전 세계 고객들과 그들의 문제에 대처해야 했던 거죠.

이러한 국제적인 노출은 커진 기대와 동시에 더 무거워진 의무감을 의미했습니다. CSR이 글로벌 규모의 기업 평판과 얽히기 시작한 것은 바로 이 시기였습니다. 글로벌 기업이 되면서 기업들은 CSR에 대한 책임 있는 의식이 이전과는 비교도 안 될 정도로 중요해지고 있음을 깨닫습니다. 글로벌 시장과 지역 사회의 상호 연결성을 인식하게 되면서 특히 '글로벌 브랜드 이미지' 유지 차원에서 더욱 그랬습니다. 시대 흐름에 맞춰 CSR 이니셔티브와 파트너십들도 글로벌한 수준으로 격상되어 탄생하게 됐던 거죠.

학계에서도 CSR의 틀을 확립하고자 하는 노력이 활발하게 진행된 시기이기도 합니다. CSR 피라미드로 유명한 Carroll도 '93년에 출간한 책에서 기업 CSR의 체계적인 틀을 제공하면서 이러한 흐름을 더욱 강화했죠. 이런 와중에 기업이 아닌 다른 쪽에서 중요한 새로운 흐름이 등장합니다. 바로 소비자들입니다. 그들의 기업의 책임에 대한 인식의 강화와 행동의 변화입니다. '더 많은 정보를 손쉽고 빠르게' 얻을 수 있게 된 소비자들은 자신이 후원하는 브랜드에 투명성과 윤리적 관행을 요구하기 시작했습니다. 이러한 요구는 윤리적 소비주의와 공정 무역 운동의 발전으로 이어졌고, 기업은 더욱 지속 가능하고 윤리적인 비즈니스 모델을 채택하여 경영하는 방향으로 변화해야 했습니다.

## 〈〈Archie Carroll: Pyramid of CSR〉〉

미국 조지아대학교 경영 학장까지 역임한 저명한 경영학자로서 '93년도에 출간한 그의 저서*에서 주장한 CSR 피라미드로 유명하다.

* Business and Society: Ethics, Sustainability, and Stakeholder
  Management (1993, college Division, South-Western Pub

기업의 사회적 책임을 경제, 법률, 윤리, 자선의 네 가지 측면으로 이해하기 위한 포괄적인 동시에 체계적인 틀을 제공한 것으로 높이 평가받고 있다. 이 네 가지 범주는 각각 CSR의 고유한 범주이긴 하지만 상호 연관되어 있으며 기업의 전반적인 사회적 책임에 잠점 더 기여하고 있는 것으로 이해해야 합니다.

1. **경제적 책임:** 주주와 직원을 포함한 이해관계자들을 위한 수익 창출임을 의미

2. **법적 책임:** 기본 의무로서 법률 및 규정을 준수하며 법적 틀 내에서 운영하는 것

3. **윤리적 책임:** 경제적, 법적 요구 사항을 넘어서 옳고 정의롭고 공정한 일을 하는 것

4. **자선적 책임** 자선 기부, 지역 사회 자원봉사, 사회적 대의 지원 등 인간의 복지나 선의를 증진하기 위한 기업의 자발적인 활동

구체성과 정교함이 특징인 '90년대 CSR 흐름 아래 드디어 '결과 보고'라
는 관행이 자리 잡기 시작합니다.[32)33)] 기업들은 '좋은 일을 했다. 하고 있다.
그리고 계속할 것이다'라는 성과와 의지를 보여주고 싶어 했습니다. 그들은
진정성이든 브랜드 홍보든 여러 목적이 있었겠지요. 이를 위해 지속 가능성
과 사회적 책임에 대한 스스로의 노력을 문서화하고 홍보하기 시작했습니다.
CSR은 더 이상 단순 홍보 전략이 아니었습니다. 이젠 비즈니스 전략의 필수
적인 부분이 된 것입니다.

본질적으로 1990년대는 글로벌 고려와 윤리적 비즈니스 관행이 기업 정
신에 뿌리내린 새로운 차원의 CSR이 자리 잡은 시기였습니다. 오늘날 우리
가 볼 수 있는 세계적으로 인식되는 진보된 CSR 접근 방식의 탄탄한 기반을
마련하고, 더 나은 세상을 만드는 데 있어 기업의 역할과 중요성이 증가하고
있음을 강조하는 시대였습니다.

## 21세기에 들어서면서: 전체론적 접근으로

21세기에 들어서면서, CSR 은 비즈니스 모델 내에서 더 중심적이고 통합
적인 전략으로 변화하는 흐름으로 이어졌습니다. 기업들이 CSR이 혁신, 신
시장 개척, 심지어 수익성 제고에도 중요한 요인이 될 수 있음을 이해하게
된 것입니다.

---

32) CSR Report는 기업이 아닌 경제학자에 의해 처음 언급되었다. Howard Bowen이라는 미국의 경제학
    자가 1953년에 출판한 "Social Responsibilities of the Businessman"이란 책에서 현대 CSR 개념의
    토대를 제시하면서 시작된 것으로 평가된다.
33) 오늘날의 일반적인 기업들의 CSR Report는 1997년 GRI(Global Reporting Initiative)가 설립되면서
    본격적으로 시작되었다.

John Elkington[34]이 소개한 '삼중 바닥선(Triple Bottom Line, TBL)[35]' 개념이 이런 흐름을 잘 설명해 줍니다. TBL은 기업들이 이익(Profit, 경제성과)뿐만 아니라 사람(People, 사회 성과)과 지구(Planet, 환경 성과)에도 초점을 맞춰야 한다는 개념입니다. 결국 이 개념은 기업이 모든 이해관계자의 이익을 고려해야 한다는 주장입니다: 커뮤니티, 직원, 환경에 이익이 되는 방식으로 혁신하라!

4차산업혁명으로 이어지는 지속된 기술의 발전, 소셜 미디어의 등장과 활성화 등으로 기업의 투명성과 책임성은 더욱 증가하게 되었고, 결과적으로 CSR은 또 진화해야 했습니다. 회사들은 더 이상 '그린워싱'[36]으로 이미지를 꾸밀 수 없었습니다. 행동에는 진정성이 담겨 있어야 했습니다. 소비자 인식과 활동의 수준이 이전과는 확연히 달라졌고, CSR 노력에 대한 외부의 검증이 상당히 강화되었기 때문입니다. '척'만 하는 기업에는 언제 어느 정도의 위험이 닥칠지 아무도 장담할 수 없는 그런 사회가 되어 가고 있었던 겁니다.

또한, Michael Porter와 Mark Kremer[37]가 '기업은 사회 문제 해결과 동시에 경제적 가치도 창출할 수 있다'고 주장하면서 '공유 가치(Shared

---

34) CSR, Sustainable Development 로 유명한 영국의 학자, 저술가, 사업가.

35) Elkington의 저서 'Cannibals with Forks: The Triple Bottom Line of 21st Century Business'에 고대된 개념으로, 소위 3P (Profit, People, Planet)프레임으로 불리기도 함. 주요 내용은 기존의 재무 성과에 사람 관련한 사회적 성과와 지구와 관련된 주변 환경 관련 성과까지 기업의 총체적 성과로 같이 계산되어야 한다는 개념임.

36) 사전적으로는 기업이나 단체가 실제로는 환경보호 효과가 없거나 심지어 환경에 악영향을 끼치는 제품을 생산하면서도 허위·과장 광고나 선전, 홍보수단 등을 이용해 친환경적인 모습으로 포장하는 '위장 환경주의' 또는 '친환경 위장술'을 가리킴. 여기서는 CSR 활동에 진정성이 담기지 않은 상황으로 해석할 수 있음

37) 둘 모두 하버드 경영대학원에서 교수로 역임하며, 경영전략, CSR 등에 관련된 많은 학술 논문과 기업 컨설팅 등으로 저명함.

Value)' 개념을 제시했습니다.[38] 이후 기업들은 사회적 문제를 해결하는 수익성 있는 제품과 서비스를 창출하기 위해 더 큰 노력을 쏟아 넣게 되었습니다.

그 결과, 이 시대에 CSR은 빠르게 변화하는, 세계적으로 상호 연결된, 사회적으로 의식 있는 시장에서 번영하려는 기업에 선택이 아닌 필수가 되었습니다. 오늘까지 계속되고 있는 CSR의 여정은 '이윤 중심'에서 '목적 중심'으로 비즈니스 마인드가 진화하고 있음을 보여주고 있는 것입니다.

## 오늘 그리고 앞으로의 CSR

최근 몇 년 동안 CSR은 단순한 '자선 개념'에서 기업 전략의 필수적인 부분으로 발전했습니다. 오늘날 CSR은 기업이 사회에 전반적으로 긍정적인 영향을 미치기 위해 프로세스를 관리하는 방법에 관한 것입니다. 이러한 변화는 기업이 주변 세계로부터 고립되지 않고 연결되고 영향을 받고 있다는 이해에 기초합니다. 그들의 결정이 지역사회와 환경에 광범위한 영향을 미치게 되는 거죠.

현대 CSR의 중요한 추세 중 하나는 '지속 가능성(Sustainability)에 초점을 맞추고 있다는 점입니다. 이제 기업들은 장기적인 비즈니스 성공을 위해서는 '환경, 사회, 경제적 영향'을 고려하는 지속 가능한 접근 방식과의 연결을 심각하게 고민해야 한다는 것을 압니다. 예를 들어, 탄소 배출이나 폐기물 발생을 줄이는 것이 지구 환경 보호에 도움이 되는 것은 물론 종종 기업의

---

38)  Michael Porter and Mark Kremer, 'Shared Value', Harvard Business Review (2011)

비용 절감과 브랜드 평판 향상으로 이어져 종합적으로 도움 될 수 있다는 것이죠.

또 다른 추세는 투명성과 책임성을 향한 움직임입니다. 소셜 미디어의 등장과 더 많은 정보와 사회적 의식을 갖춘 소비자 기반으로 인해 기업은 더욱 철저한 검증에 직면해 있습니다. 대중은 제품이 어떻게 만들어지고, 누가, 어떤 조건에서 만들어지는지 알고 싶어합니다. 이에 따라 기업 입장에서는 진정성이 담긴 CSR 활동뿐만 아니라 그리고 영향까지도 공개해야 하는 상황에 처하게 된 거죠.

또한, 사회적 평등과 포용에 대한 강조 분위기도 확대되고 있습니다. 기업들은 더욱 포용적인 직장을 만들고 소득 불평등, 성 불평등, 인종 불평등과 같은 다양성과 관련된 사회적 문제 해결에도 더 큰 노력을 기울여야 합니다. 여기에는 내부 정책뿐만 아니라 회사가 운영되는 지역 사회와 상호 작용하는 방식까지도 포함하는 것이 외부의 요구입니다.

요약하면 오늘날 CSR은 비즈니스와 사회 모두에 이익이 되는 공유 가치를 창출하는 것입니다. 이는 지속 가능한 관행, 투명성, 사회적 형평성, CSR을 비즈니스 목표에 맞추는 것에 관한 것입니다. 우리가 앞으로 나아갈 때 이러한 주제는 CSR의 진화를 안내하고 기업이 보다 지속 가능하고 공평한 세상에 기여하는 방식을 형성할 것입니다.

# 기업이 하는 SV의 결과표, ESG

## [Topic 13-1] ESG는 어떻게 시작되었는가?

### 역사적 맥락

ESG가 무엇인지 알아보기 전에 그 배경부터 살펴봅시다.

ESG의 뿌리는 CSR에 대한 초기 논의로까지 거슬러 올라갈 수 있지만 2000년대 후반 기업의 윤리적 책임과 위험 관리의 중요성을 아주 깊게 각성하게 해준 사건이 발생하면서 지금까지 이어지고 있는 흐름이 탄력을 받게 됩니다. 바로 2008년 글로벌 금융위기를 촉발한 리먼 브라더스 사태[39]입니다. 금융 부문의 무책임한 사업 관행과 투명성 및 윤리적 감독 부족에 따른 파괴적 결과가 글로벌 위기로 연결된 것입니다. 전 세계적으로 다양한 주체들이 기업의 투명성과 윤리 경영에 대한 중요성을 각성하게 되었고 이후 많은 후속 흐름이 나타나게 됩니다.

---

39) 미국의 역사적인 은행파산 사건 중 하나로 2008년 9월 15일에 미국의 투자 은행인 리먼 브라더스의 파산으로 발생한 글로벌 금융 위기를 지칭합니다. 비우량 주택담보대출인 서브프라임 모기지의 부실로 리먼 브라더스가 파산하면서 전 세계적으로 금융 위기로 이어졌습니다.

오랜 기간 이어져 오던 기후 위기 논의가 2015년 파리 협정[40] 체결로 일단락되었고, 이를 계기로 지구온난화를 중심으로 환경보호 중요성을 전 세계가 재인식하게 되었습니다. 이어서 UN의 지속 가능한 개발 목표(Sustainable Development Goals, SDG[41])와 같은 국제 협약이 발표되면서 환경보호에 대한 인식은 더욱 높아지게 되었습니다.

기술 발전의 결과물들이 더욱 역동적인 환경을 만들어줬습니다. 소셜미디어의 영향력이 어마어마해진 시기이죠. 이 플랫폼에서 활동가는 물론 일반 소비자까지도 지속 가능성 제고와 윤리적인 경영에 대한 기업에 책임을 요구할 수 있게 된 것이죠.

〈ESG의 진화 Chronology〉

출처: 각종 데이터 기반으로 저자가 재구성

이상에서 살펴본 일련의 역사적 사건들이 ESG의 기반과 방향성, 그리고

---

40) 기후변화 위기에 대응하기 위해 유엔 기후 변화 회의에서 채택된 국제 조약으로 온난화 방지를 위한 온실가스 감축 합의안 포함하고 있음. 기존의 교토의정서를 대체하고, 선진국과 개도국 모두가 참여할 수 있는 글로벌 합의체제임

41) 유엔과 국제사회가 협력하여 2015년에 채택한 것으로, 글로벌 빈곤 문제, 환경 문제 해결과 지속 가능한 발전을 실현하기 위한 2030년까지의 17개 분야별 목표가 담겨 있음

의제를 형성하는 데 중요한 역할을 했습니다. 결과적으로 기후 변화, 사회적 불평등, 윤리 경영, 투명한 거버넌스 등의 필요성에 대한 사회의 인식이 높아지면서 기업의 사회가치 창출 행위에 대한 요구가 약간은 담론적인 CSR에서 상당히 구체적인 제도로 가득 찬 ESG기반 비즈니스 전략으로 전환하게 된 것입니다.

## ESG는 무엇인가?

ESG는 사전적으로 E 환경, S 사회, Governance 지배구조를 지칭합니다. 기업 경영의 맥락상으로는 전통적인 재무적인 요소들 외에 비재무적 요소들을 의미합니다. 비재무적 요소라는 것이 무엇일까요? 재무제표에 들어가는 각종 요소를 제외한 나머지는 전부 비재무적 요소라고 봐도 거의 무방합니다. 예를 들면, 에너지 효율성, 탄소 배출 수준, 자연 생태계 보전 노력, 사회적 차별 없는 고용, 지역사회 지원, 고객의 안전과 만족, 내부 조직 구조, 경영 투명성, 이사회의 역할 등이 대표적인 비재무적 요소들입니다.

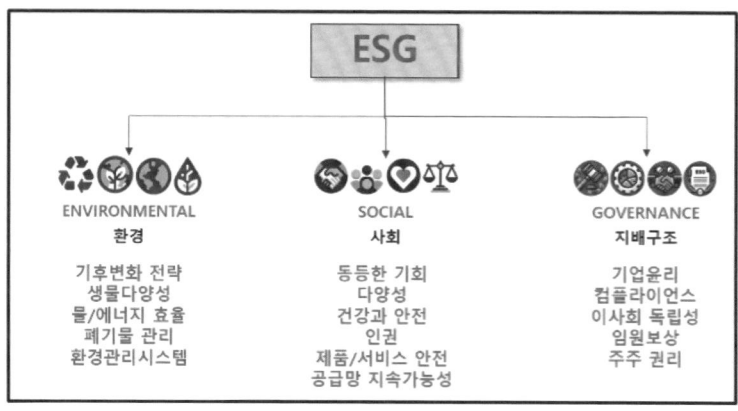

출처: 각종 데이터 기반으로 저자가 재구성

항목들만 봐도 비재무적 요소가 기업의 가치나 신용 평가에 중요한 역할을 할 것이라는 점은 쉽게 추정이 가능합니다. 실제로 그 어떤 이해관계자보다 투자자들이 기업가치를 평가할 때 보는 비재무적 요소들을 많이 참고하고 있습니다. 쉽게 얘기하자면, 선의의 사회적 가치 추구, CSR 지향을 해 온 기업들이 경영 성과나 가치평가를 제대로 평가받기 위해서는 이전까지 단순 참고사항으로 여겨졌던 재무 외적인 항목들까지 감안한 경영을 해야 하는 시대가 된 것을 의미합니다.

왜 그럴까요? 원론적으로 투자자는 예상되는 투자 비용 대비 수익이 높으면 투자하겠죠? 전통적으로 투자의사 결정은 거의 재무분석에 이루어졌다고 할 수 있습니다. 투자자들에게 비재무 요소가 중요해졌다는 것은 일반적인 재무제표 항목들 기준의 투자의사 결정 방식에 무엇인가가 빠진 것이 있다는 의미겠죠. 모든 것이 복잡다단해진 요즘과 같은 상황에서는 비용 부분에 대한 분석이 매우 중요합니다. 비재무적 요소로 발생하는 리스크는 예상이익을 훨씬 웃도는 엄청난 규모의 예상치 못한 비용을 초래할 가능성이 상존하고 있는 것이죠. 그래서 투자자들은 이런 Risk 요인들(비재무적 요소)을 사전에 관리할 필요가 있게 된 것이고, 요즘 들어 ESG에 초점을 더 맞추게 된 것입니다.

## [Topic 13-2] ESG는 SV를 품고 있는 전략이다!

기후 변화, 사회적 불의, 기업 지배구조 스캔들 등 일련의 사건들과 더불어 ESG의 필요성에 대한 사회적 인식이 높아졌고, 특히 투자자들이 강력하게 ESG 열풍을 일으켜 그 흐름을 이어가고 있습니다. ESG열풍이 요구하고 기대하는 행동의 주체는 (간혹 대중이 정부나 공공기관에 요구하는 경우도 있겠지만) 기본적으로 기업입니다. 기업의 적절한 활동을 요구하는 이해관계자는 정부·지역 연합, 국제기구, 투자자, 평가기관, 시민단체, 기업 구성원, 소비자, 협력업체, 지역사회 등. 참으로 다양합니다:

이 중에 정부·지역 연합은 ESG 기업들이 책임 있는 경영을 하도록 영역별로 다양한 정책과 규제를 계속 내놓고 있습니다: 지구온난화, 환경오염 등 관련한 환경 정책 및 규제[42], 기업 경영의 투명성 제고, 인권 신장 및 보호를 위한 각종 정책 및 규제, 제안된 정책들에 기반한 실행 Initiative[43] 등. 대부분의 규제는 관련 영역에서 기업의 활동과 관련해서 사전 혹은 사후에 적절한 내용의 투명한 '공시'를 요구하고 있습니다. 많은 경우, '법적 의무'로 이어지고 있습니다. 이런 규제가 많아질수록 기업들은 이전에는 없었던 다양한 법적인 책임까지 고려해야 합니다. 시민단체, 소비자, 지역사회에서도 기업 활동에 의해 좋은 효과는 많이, 나쁜 영향은 줄어드는 방향으로 많은 요구 사항들을 쏟아내고 있습니다 이들의 요구가 새로운 제도 및 규제와 맞물리면서 기업에게는 상당히 강력한 부담으로 작용하고 있습니다

이쯤에서 ESG가 무엇인지 정리해 봅시다.

경영 활동의 결과에 대해 칭찬이나 비난 수준의 반응을 고려하면 되던 시절에서 ESG 열풍이 진행되면서 구체화된 제도와 규제가 등장했고 결국 기업들은 좀 더 정교한 경영을 해야 하는 시대가 온 것이라 할 수 있습니다. Carroll의 기업의 책임 피라미드 중에서 법적 책임에 포함된 요소들은 더 구

---

42) 자세한 내용은 부록 ## 참조
43) 환경 관련한 넷제로나 RE100 등이 대표적

체화되고 강해진 것이고, 이전에 윤리적 책임이나 도덕적 책임 중의 일부였던 요소들이 법적 책임으로 전환된 것으로 해석할 수 있습니다. 경영 실행 과정상에서도 많은 고민과 준비, 대응이 있어야 하겠지만, 저 많은 이해관계자에게 일정 기간 수행한 좋은 실적들을 알려주는 것이 중요해졌습니다.

그런데 아직도 ESG 관련 비재무 요소에 대한 투자나 관리는 불필요한 비용이라는 시각을 갖고 있는 기업들이 있습니다: "당장의 생존과 발전을 위해 반드시 필요한 것은 아니다. 돈만 벌면 된다. 그러면 발생하는 문제 모두 해결 가능하다" 식으로 생각하면서. 물론 경제적 이윤 추구는 모든 시대를 통틀어 변하지 않는 기업의 목표입니다. 하지만 앞으로 펼쳐질 시대에 기업의 생존과 지속가능성을 결정할 수 있는 ESG로 상장되는 다양한 비재무적 요소를 더 이상 무시할 수 없는 시대가 된 것이죠. 다행히도 많은 기업이 시대 흐름에 맞춰 적극적으로 변화를 추진하고 있습니다. ESG로 연결되는 사회가치 창출 흐름에 적극 참여하고자 노력하고 있습니다. 결국 기업들은 무서워하고 피하는 것이 아니라 '적극 대응 및 활용' 쪽으로 ESG를 받아들이고 있는 겁니다. 탄소 배출 감축, 다양성과 포용성 제고, 투명한 공급망 관리, 직원 복지 및 윤리적 리더십 제고 등을 강조하고 있습니다.

이런 흐름에 맞춰 기업들이 매년 내놓는 연례보고서도 재무 사항 중심의 Annual Report에서 사회적 가치, CSR, ESG 관련 계획, 실적, 실행 과정 관련 상당한 내용이 자세히 담긴 소위 'Sustainability Report'로 변환되고 있습니다. 이 보고서는 주요 평가기관들이 제시하는 평가 항목을 기준으로 삼아 작성되는 것이 일반적입니다[44]. 많은 선진기업은 이미 수년째 실행하고

---

44) 특히 GRI(Global Reporting Initiative)가 기업 경영이 환경, 경제 및 사회에 미치는 긍정적 영향과 부정적 영향 공개 참조할 만한 대표적 가이드라인입니다

있으며 매년 일정 시기에 공개하고 있습니다. 평가기관은 결과 보고와 구체적인 성과 보고를 토대로 기업을 평가해 등급을 매기게 됩니다. 평가기관의 평가 결과는 기업가치는 물론 투자나 채권 발행 의사결정의 중요 기준으로 작용하게 됩니다.

오늘을 사는 기업의 이해관계자들 모두의 마음속에는 ESG가 기업을 보는 핵심 프리즘으로 자리 잡고 있습니다. 특히 '정의, 형평, 포용, 혁신, 윤리' 성향이 강한 젊은 세대의 부상을 고려하면 이 흐름이 앞으로도 계속될 것임을 어렵지 않게 예측할 수 있습니다.

# SV, CSR 그리고 ESG

## [Topic 14-1] SV-CSR-ESG는 어떻게 연결될까?

100여 년 가까운 진정성의 흐름이 냉혹한 기업 현실에서 사라지지 않고 어떻게 이어져 오고 있을까? 지속되고 있는 '진정성' 차원에서 알아볼 가치가 있습니다.

각각이 생겨난 시기는 다르지만 21세기 현재 이 세 개념은 일정한 프레임 속에서 서로를 강화하고 보완하는 형태로 연결되어 있습니다. 이들 간의 상호작용은 기업이나 개인이 사회와 환경에 미치는 영향을 최적화하고, 지속 가능한 발전을 촉진하는 데 중요한 역할을 하고 있습니다.

사회적 가치는 기업의 핵심 정체성과 목표에서 출발합니다. 기업이 사회적 가치를 중시하게 되면 이는 기업의 비전과 미션에 반영되고 기업 문화와 전략의 근간으로 이어집니다. 이런 접근을 통해 기업은 경영 관련 제반 활동을 통해 사회적, 경제적, 환경적 문제를 해결하고자 하는 광범위한 목표를 설정하게 됩니다. 예를 들어, 지속 가능한 자원 사용, 공정한 노동 관행 정착, 혹은 지역사회와의 긴밀한 관계 구축 등이 이에 해당합니다.

철학이나 비전에 가까운 사회적 가치가 CSR을 만나면서 가치를 실천하는 방식이 구체화됩니다. 예를 들어, 기업이 환경 보호를 중요한 사회적 가치로 설정했다면, 기업은 친환경 제품 개발, 재활용 프로그램 운영, 또는 에너지 효율성 향상과 같은 CSR 차원의 활동을 통해 사회적 가치가 구체적으로 실현되는 것입니다. 더 나아가서 기업은 이런 활동을 통해 이해관계자와의 신뢰를 더욱 강화할 수 있게 되는 것이죠.

그런데 현대사회가 기술 발전과 더불어 나날이 복잡다기해지면서 이런 부분을 상대적으로 등한시했던 투자자들의 시각이 달라졌습니다. 글로벌 경제 규모가 거대해지면서 투자자들 또한 거대해졌습니다. 소위 Universal Investor라는 유형의 투자자가 생겨났죠. 세상의 거의 모든 것에, 모든 영역에 투자하는 투자자를 일컫는 말입니다. 투자 포트폴리오 중 일부가 손실이 발생하게 되면 전체 펀드 내 다른 투자 대상으로 그 위험이 전이되면서 수익률 하락이 증폭될 수 있는 구조적 문제를 안게 된 것이죠. 이런 위험의 발생과 위험의 전이를 막기 위해서 투자자들이 찾아낸 보석이 바로 사회적 가치 실현에 진심인 기업들이었습니다. 거시경제 상황이 안 좋아 대부분 기업의 실적 충격이 클 때도 사회적 가치에 충실한 기업들의 실적은 전체 시장 평균 대비 좋은 성과를 기록하고 있음을 알게 된 것이죠[45]. 이런 기업들일수록 일반적으로 리스크 관리가 잘 되어 있고, 장기적인 관점에서 안정적인 성과를 달성할 가능성이 높았던 것이죠. 결국 투자자들은 (손실 발생 가능성을 최소화하기 위해) 사회적 가치 실현을 추구하는 기업들의 노력을 측정하고 평가할 기준이 필요해진 것이죠.

이런 배경 아래, ESG는 기업이 야기할 수 있는 다양한 위험 요인들에 대한 사전 점검 및 위험 최소화를 기본 목적으로 탄생한 것이라 할 수 있습니

---

45) UNGC, "Who cares wins" 2005

다. ESG는 CSR의 사회적 가치 구체적 실현' 수준을 넘어 그 '효과를 측정·평가'하고 이를 기업 가치에 대한 총체적 평가에까지 연결하는 매우 구체화된 프레임워크로 기능하고 있는 것이죠. 그만큼 그 측정·평가 기준도 환경 보호 측면, 인권·보건·평등·정의와 같은 사회적 측면, 그리고 투명하고 효율적인 지배 구조 측면 등 3개 분야에 걸쳐 구체화될 수밖에 없었던 것입니다.

20세기 초 의식 있는 기업인들에 의해 시작된 사회적 가치 추구 노력이 CSR로 구체화하는 노력으로 이어져 내려오다, 복잡다기한 세상에서 생존을 위한 투자자와 기업 쌍방의 필요성에 의해 ESG라는 기능적 프레임워크로 구체화된 것이라 요약할 수 있습니다 이 세 요소는 기업과 개인이 사회적, 경제적, 환경적 문제에 대한 해결책을 모색하고, 지속 가능한 발전을 추진하는 데 필요한 핵심 엔진입니다. 기업이 이러한 요소들을 성공적으로 통합하고 실행할 때, 사회적으로 책임감 있는 방식으로 성장하면서 장기적인 가치를 창출하는, '지속 가능' 기업으로 등극할 수 있는 것입니다.

ESG는 기업이 지속 가능성 이니셔티브를 전달하기 위해 완료하는 일련의 공개 표준이 되기를 열망합니다. 투자자와 같은 이해관계자는 ESG 보고서를 사용하여 투자를 선별합니다. 기업의 사회적 책임(CSR)은 기업의 활동이 주변 세계를 향상시키는 비즈니스 모델입니다.

예를 들어, 미국 소매업체인 파타고니아는 CSR이 매우 강력합니다. 회사가 하는 모든 일은 CSR에 의해 관리됩니다. 그것은 자신의 가치를 위해 수익을 희생할 정도로 의식 있는 소비를 촉구합니다. 이 회사는 판매를 늘리는 대신 제품에 대한 수리 서비스를 제공하여 소비보다 수명을 강조합니다. 중고 제품을 재판매합니다. 그리고 패스트 패션 리테일 비즈니스 모델에 적극적으로 반발하여 소재를 지속 가능하게 하고 인적 자원이 생활 임금을 받을 수 있도록 합니다.

# [Topic 14-2] '나무만 보지 말고 숲을 보자!'

현대 비즈니스 환경에서 전체론적 접근 방식(Holistic Approach)은 선택이 아닌 필수적인 전략으로 자리매김했습니다. 이는 복잡한 시스템을 단편적으로 분석하는 것이 아니라 전체 구조와 그 구성 요소들의 상호작용을 이해하는 방식을 말합니다. 이 접근 방식은 각 부분이 독립적으로 기능하는 것이 아니라 전체 시스템의 맥락 안에서 서로 영향을 주고받으며 기능한다는 인식에 기반합니다. 비즈니스 맥락에서 전체론적 접근은 조직의 다양한 부서, 이해관계자, 프로세스 및 전략이 상호 연결되어 있다고 보고, 이러한 연결 고리를 통해 조직의 목표를 달성하고 사회적 가치를 창출하려는 시도라 할 수 있습니다.

전체론적 접근의 이론적 틀은 다음과 같은 기본 원칙들에 기초합니다:

① 상호 의존성: 모든 시스템 요소는 서로 의존적이며, 하나의 요소에 변화가 생기면 전체 시스템에 영향을 미칩니다. 이는 기업이 환경, 사회, 내부 구성원들과의 관계를 관리할 때 모든 요소가 서로 어떻게 영향을 주고받는지 이해해야 함을 의미합니다.

② 통합적 사고: 전체론적 접근은 문제를 단편적으로 보지 않고, 다양한 관점과 차원을 통합하여 이해하고 해결책을 모색합니다. 이는 기업이 단순히 이윤 창출에 집중하는 것이 아니라 사회적, 환경적, 경제적 요소를 모두 고려하는 의사결정을 요구합니다

③ 유연성 및 적응성: 시장, 기술, 사회적 기준 등 외부 환경은 끊임없이 변화합니다. 전체론적 접근은 이러한 변화에 능동적으로 대응하고, 필요한 경우 조직의 전략과 구조를 조정할 수 있는 유연성을 강조합니다

④ 지속가능성: 장기적 관섬을 가지고, 현재의 결정과 행동이 미래 세대에 어떤 영향을 미칠지 고려하는 것이 중요합니다. 이는 기업이 단기적 이익뿐만 아니라 장기적 지속가능성을 위해 노력해야 함을 의미합니다.

이러한 전체론적 접근 방식을 비즈니스에 적용할 때, 기업은 단순히 내부적인 목표 달성을 넘어서 사회적, 환경적 책임을 다하며 지속가능한 발전에 기여할 수 있습니다. 내외부적 요소를 폭넓게 이해하고, 이해관계자들의 필요와 기대를 충족시키며, 지속가능한 발전을 도모한다는 것이죠. 이는 기업이 사회적 가치, CSR, ESG를 통합적으로 고려하고, 이해관계자들과의 강력한 관계를 구축하며, 변화하는 시장 및 환경적 요구에 유연하게 대응할 수 있는 기반을 마련하게 됨을 의미합니다.

이 접근 방식은 기업이 CSR(기업의 사회적 책임)과 ESG(환경, 사회, 지배구조) 이니셔티브를 통합하며 사회적 가치를 창출하는 데 중요한 역할을 합니다. 어떤 중요한 역할을 하는지 간략히 살펴보겠습니다

첫째, 전체론적 접근은 기업이 사회적, 환경적, 경제적 요소를 통합적으로 고려하게 합니다. 이는 기업이 단기적 이익뿐만 아니라 장기적 지속가능성을 추구하게 만듭니다. 예를 들어, 기업이 환경 보호를 위한 조치를 함으로써 장기적으로 자원의 효율적 사용을 촉진하고, 비용을 절감하며, 기업의 평판을 개선할 수 있습니다.

둘째, 전체론적 접근은 기업이 이해관계자와의 관계를 강화하는 데 중요합니다. 이해관계자들은 고객, 직원, 투자자, 지역사회 등을 포함합니다. 기업이 이들의 기대와 필요를 이해하고 반영할 때, 더 강력한 신뢰와 충성도를 구축할 수 있습니다. 예를 들어, 기업이 직원의 복지에 투자할 때 직원 만족

도가 높아지고, 이는 생산성 향상으로 이어질 수 있습니다.

셋째, 전체론적 접근은 위험 관리에 있어서도 중요합니다. 기업이 사회적, 환경적, 경제적 요소를 종합적으로 고려할 때, 잠재적 위험을 더 잘 파악하고 대응할 수 있습니다. 예를 들어, 기업이 환경 규제의 변화를 선제적으로 파악하고 대응함으로써 법적 위험과 비용을 줄일 수 있습니다.

넷째, 전체론적 접근은 혁신을 촉진합니다. 기업이 다양한 분야의 지식과 경험을 통합할 때, 창의적인 해결책을 발견하고 새로운 비즈니스 기회를 창출할 수 있습니다. 예를 들어, 지속 가능한 제품을 개발함으로써 새로운 시장을 개척하고 경쟁 우위를 확보한 대표 기업 유니레버! 혁신의 아이콘이죠.

마지막으로, 전체론적 접근은 기업의 사회적 책임을 강화합니다. 기업이 자신의 영향력을 인식하고 적극적으로 사회적 가치를 창출할 때, 지역사회의 발전에 기여하고 기업의 지속가능성을 높일 수 있습니다.

결론적으로, 현대 비즈니스에서 전체론적 접근 방식은 기업이 장기적인 번영을 추구하고, 사회적 가치를 실현하는 데 있어 매우 중요합니다.

# CSR·ESG와 SV의 통합

## [Topic 15-1] CSR 이니셔티브에 SV를 담기 위한 전략

우리가 사는 세계는 변화무쌍하고, 기업들이 이 변화 속에서 지속 가능하게 성장하기 위해서는 단순히 이윤 추구를 넘어서 사회적 가치를 실현하는 것이 중요해졌어요. 이런 배경에서, 많은 기업이 CSR(기업의 사회적 책임) 이니셔티브에 사회적 가치를 담아내려고 노력하고 있죠. 하지만 이 길은 결코 쉽지만은 않아요. 이야기를 풀어가면서, 기업들이 이 길을 걸으면서 마주한 고민과 전략들을 살펴보겠습니다.

그들이 맞닥뜨린 어려움은 어떤 것들이었을까요?

수 없이 많겠지만 중요한 몇 가지만 살펴보겠습니다. 제일 먼저 '균형 잡힌 가치 창출'의 어려움입니다. 기업들은 경제적 가치(이윤)와 사회적 가치 사이의 균형을 찾기 위해 고민했습니다. 사회적 가치를 너무 강조하면 비즈니스의 경제적 지속 가능성이 위협받을 수 있고, 이윤만을 추구하면 사회적 비난을 받을 수 있으니까요. 그런 맥락에서 일부에서는 아직도 이 두 가치는 상호 trade-off 관계에 있다고 얘기합니다. 둘 중의 어느 하나를 위해서 다른 하나를 희생해야 한다는 것이죠. 이런 의견이 옳았던 시절도 있었습니다. 하지만 끊임없는 변화와 발전이 일어나고 있는 오늘날에는 더 이상 유효하지 않죠. 앞으로는 경제적 가치만을 추구하는 기업은 지속 가능할 수 없게 된 것이 엄격한 현실입니다. 두 가치 사이의 균형을 잡는 것은 어려운 일이긴 하지만 계속 고민하고 해결해야 하는 부분입니다.

두번째로 이해관계자와의 소통도 쉽지 않은 고민거리입니다. 이전보다 신경 써야 할 이해관계자가 많이 증가했습니다. 오늘날은 모바일혁명, 정보 민주화 등을 배경으로 다양한 이해관계자들이 제각기 목소리를 내고 있는 세상입니다. 문제는 그들의 기대와 요구 또한 제각각이어서 기업 입장에서는 그 또한 균형감을 찾아야 하는 부분입니다. 직원, 고객, 지역 사회, 투자자, 정부 등 모두의 목소리에 귀 기울이며, 그들 모두에게 가치를 제공하는 방법을 모색해야 하는 것이죠. 이상과 같은 고민을 해결하는 것은 짧은 시간에 이뤄내기 힘듭니다. 장기적인 관점에서 해결책을 찾아야 합니다 이것이 기업들의 세 번째 고민 포인트입니다. 단기적인 성과에 집중하기 쉬운 비즈니스 환경 속에서 기업이 장기적인 관점을 유지하며 사회적 가치 창출에 투자하는 것은 쉽지 않은 일이죠. 기업의 '균형 찾기' 고민을 잘 해결하기 위해서는 내외부의 공감과 지지가 필수적입니다. 이 공감과 지지는 '사회적 가치에 대한 인식이 깊어진 문화' 속에서 이루어지게 됩니다. 이런 문화를 만들어 내는 것부터가 장기적인 시각으로 준비해야 하는 것이죠.

그럼에도 기업들은 경제적 가치는 물론 사회적 가치 창출을 위해 다양한 전략을 실행해 오고 있습니다. 예를 들어, 환경친화적 제품 개발, 지속 가능한 공급망 구축, 공정 무역 실천, 에너지 효율 개선, 이해관계자 참여 프로그램 확산, 지속 가능 보고서 작성, 사회적 책임 투자와 혁신 등을 생각해 볼 수 있습니다. 앞으로 더 다양한 것들이 나타나겠죠.

구체적인 사례를 살펴보겠습니다.

아이스크림 제조 업체로, Ben & Jerry's는 사회적 책임을 기업 운영의 핵심으로 삼고 있습니다[46]. 이 회사는 환경 보호, 공정 무역, 지역 사회 지원 등 다양한 분야에서 활발한 활동을 펼치고 있습니다: 원료의 공정 무역 인증 추구, 기후 변화에 맞서는 캠페인 운영, 인종 평등 및 사회 정의를 위한 프로젝트 투자 등. 이러한 노력은 브랜드의 핵심 가치를 반영하며, 소비자와의 강력한 연결고리를 구축하는 데 기여했습니다.

IKEA는 가구 및 생활용품 소매업체로, 지속 가능성을 비즈니스 모델의 중심에 두고 있습니다[47]. IKEA는 재생 가능 에너지 사용, 지속 가능한 소재 사용, 폐기물 감소 및 재활용 증진 등을 포함한 광범위한 환경 및 사회적 책임 프로그램을 운영합니다. 예를 들어, IKEA는 2030년까지 완전히 순환적이고 기후 긍정적인 비즈니스로 전환하기 위한 야심 찬 목표를 설정했습니다. 또한, IKEA 재단을 통해 교육, 여성 권리, 아동 노동 반대 및 기후 변화 대응과 같은 사회적 이슈에 대한 프로젝트를 지원합니다.

기업들의 이런 노력이 중요한 이유는 그들의 노력과 영향력을 바탕으로 긍정적인 사회적 변화를 이끌어내고 있고, 다른 기업에게도 영감을 주어 변화의 흐름을 강화하고 있다는 점입니다.

## [Topic 15-2] ESG 목표와 SV 목표의 조화

---

46) studysmarter.co.uk – Ben and Jerry의 CSR: 활동 및 전략 https://www.studysmarter.co.uk/explanations/business-studies/business-case-studies/ben-and-jerrys-csr/

47) sdg.neuromagic.com – 목적 중심 브랜드의 영감을 주는 4가지 사례 https://sdg.neuromagic.com/en/brand-Purpose/

　그러면 ESG가 점점 더 중요해지고 있는 현재 기업들은 사회적 가치를 추구·실현하면서 어떤 고민이 있을까요? 앞서 논의했듯이 ESG는 상당히 구체적이고 광범위한 평가 지표를 기반으로 기업들의 사회적 가치 추구 노력과 실적을 평가합니다. 그 고민도 이런 ESG 프레임에 영향을 받겠죠. 이전보다 매우 구체적입니다. 먼저, 산업의 다양한 특성과 표준화된 측정 항목의 부족으로 인해 ESG 목표에 대한 명확하고 일관된 기준을 설정하는 것이 어렵다는 점입니다. 규제, 평가 기관들이 내놓고 있는 기준들이 통일성을 갖지 못하고 아직도 완성되지 않은 것이 대부분이라는 사실이 이를 반증해주고 있습니다. 같은 맥락에서 ESG 보고가 아직 많이 복잡하다는 것도 기업들이 겪고 있는 현실적 어려움입니다. 보고를 위해 기업들은 ESG 데이터 수집, 관리, 공개 등 일련의 작업을 해야 하는 데 그 자체가 아직도 정돈되지 않아 ESG 보고 자체에 어려움을 겪고 있는 것이죠[48]. 또한 ESG 정보가 표준화되어 있지 않은 상황에서는 관련 데이터도 비정형적이기 때문에 시사점 도출 같은 후속 작업이 쉽지 않습니다[49]. 그리고 CEO들은 여전히 딜레마에 빠져 있는 경우가 많습니다. ESG 전략도 추구해야 하고, 투자자들이 원하는 좋은 성과도 내야 하는 것이죠.

　사회적 가치 목적 아래 ESG 전략을 추구하면서 동시에 경제적 가치까지 창출해야 하는 오늘날 기업의 운명은 끌고 가기가 참으로 어렵습니다. 하지만 그런 어려운 환경에서도 변화를 추구하는 기업이 있다는 점은 큰 위안이 됩니다. 기업을 둘러싼 주변 환경도 적응하면서 변한다는 것은 더욱 그렇습니다. 이제 그런 기업들 사례를 몇 개 살펴볼 때가 된 것 같습니다.

---

48)　novisto.com – ESG 보고의 네 가지 과제
49)　cityperspectives.smu.edu.sg – 실제로 ESG가 왜 그렇게 어려운가요? 이해 …

# 열여섯 번째 이야기

# 성공한 사람·기업은 다르다!

## [Topic 16-1] Johnson & Johnson: 진정성의 표상

J&J는 기업의 사회적 책임에 대한 개념이 자리 잡기 한참 전에 사회적 가치 창출을 위한 기업의 사명을 인식하고 시작한 기업입니다. '기업은 단순한 경제적 이익을 넘어 사회적 책임과 윤리적 가치를 추구해야 한다'는 비전을 담은 '우리의 신조(Credo)'를 1943년에 발표했습니다. 당시는 제2차 세계대전 와중으로, 글로벌 혼란과 변혁의 시기였고, 더 윤리적이고, 지속 가능하며, 사회적으로 책임 있는 실천에 대한 전 세계적인 요구가 커지고 있던 시기였죠. 이런 사회의 요구에 창립자 중 한 명이었던 로버트 우드 존슨이 그 답을 한 것이죠. '우리의 신조'는 사회적 책임을 회사 운영의 핵심으로 삼겠다는 비전하에 고객, 직원, 지역 사회, 그리고 주주들에게 책임을 다하겠다는 약속을 담고 있습니다. '해결되어야 할 사회 문제가 무엇인지를 파악하고 그에 대해 적극적으로 대응'하는 자세가 정말 배울만한 점이라 하겠습니다.

이후 J&J는 의약 제품, 화장품과 같은 제품은 물론 글로벌 캠페인이나 제품과 환경보호를 연결하는 프로그램 운영 등을 통해 다양한 사회문제에 도전하면서 사회 가치를 창출해 오고 있습니다. 특히 최근의 ESG 관련 전략은 '(의약품이나 의료서비스에 대한) 접근성과 경제성을 개선하고, 더 건강한 커뮤니티를 만들고, 모든 사람이 어디서나 건강한 마음, 몸 및 환경을 이용할

수 있는 방향에 초점을 맞추고 있습니다.[50)]

J&J의 진정성을 엿볼 수 있는 사례를 살펴보겠습니다. 1980년대 중반에 발생했던 '타이레놀 사례'입니다.

출처: https://ourstory.jnj.com/

1982년 미국 시카고에서 J&J의 타이레놀을 복용한 7명이 사망하는 사건이 발생했습니다. 사건 발생 직후 J&J는 경영자가 TV 광고를 통해 "소비자 여러분, 지금 바로 타이레놀의 복용을 중단하고, ~일 이전 제조된 제품은 전량 폐기해 주십시오!"라고 하면서 약 1억 달러에 달하는 엄청난 손실을 감내하면서 제품을 전국적으로 리콜했습니다[51)]. 또 다른 피해자 발생을 미연에 방지하기 위한 조치였던 거죠.

---

50) 이런 내용을 'Health for Humanity 2025 Goals'에서 자세하게 설명해주고 있다.
   https://www.jnj.com/health-for-humanity-goals-2025
51) https://en.wikipedia.org/wiki/Chicago_Tylenol_murders

이후 약의 형태나 포장방법, 용기 등을 새로 개발하여 유사 가능성 제거에 만전을 기하는 노력도 병행했죠. 타이레놀 사건 직후 J&J가 실행한 일련의 대응은 '탁월한 위기관리 능력'을 입증하는 사례로 남게 되었습니다. 이로써 J&J가 '소비자의 안전과 건강을 최우선으로 고려하고, 투명하고 책임감 있는 행동을 한다'는 것도 매우 진정성 있게 보여준 것이죠. 그리고 어쩌면 부끄러워 숨길 수도 있는 그런 과거 역사를 기업 웹사이트 내 'Johnson & Johnson Our History' 섹션에 담아 놓고 있는 현재의 행동에서도 그 진정성이 묻어나오는 것이죠.

J&J의 사회적 가치 창출을 추구하는 경영활동에서 얻을 수 있는 시사점을 정리해 보고 넘어갑시다.

① **신뢰의 가치**: 위기 상황에서의 책임 있는 대응이 장기적인 신뢰를 구축한다.

② **이해관계자와의 소통**: 모든 이해관계자와의 소통과 책임 있는 행동이 기업의 성공에 중요하다.

③ **사회적 책임의 중요성**: 기업의 사회적 책임은 브랜드 가치와 직결되며, 이는 지속 가능한 성장을 위한 핵심 요소다.

④ **지속 가능성의 힘**: 환경적, 사회적 책임을 지속적으로 실천하는 것이 기업의 장기적 성공에 기여한다.

⑤ **사회적 가치와 경제적 가치의 조화**: 사회적 가치를 중시하는 것이 단순히 올바른 일을 넘어 기업의 경제적 성공에도 중요하다는 것을 입증한다.

마지막 시사점이 바로 제가 여러분들에게 가장 강조하고 싶은 부분입니다.

이것이 되면 나머지 위의 것들은 자연스럽게 따라 나오는 것이라 할 수 있습니다. 이 철학자가 할 것 같은 말을 맘속 깊이 새겨 놓고 사회생활을 한다면 어디서든 이 사회를 밝게 만들 수 있는 인재로 거듭날 것입니다.

## [Topic 16-2] 파타고니아: 지속 가능성을 넘어선 혁신의 아이콘

파타고니아의 설립자 이본 쉬나드(Yvon Chouinard)는 암벽 등반용품 장비회사인 '쉬나드 장비'로 사업을 시작했습니다. 본인 스스로도 암벽등반을 활발히 하던 쉬나드는 한순간 '등산으로 인해 자연이 파괴되고 산에 쓰레기가 버려지는 현상'을 인식하게 되었습니다. 특히, 바위를 망가뜨리는 데에 등산 장비가 주요 원인이라는 사실도 깨닫게 되었죠. 쉬나드 장비에서 생산한 일회용 등반용 피톤[52]으로 인해 많은 양의 쓰레기가 산에 남겨졌던 것이죠. 이것들 모두 그의 사업과 직접적으로 관련된 문제였던 것입니다. '쉬나드 장비'가 미국에서 가장 큰 등산 장비 회사로 성장하는 과정에서 이런 문제 인식은 점점 깊어져 갔고, 결과적으로 자연을 사랑하는 쉬나드의 마음속에 '환경에 대한 의식'으로 연결된 것이죠.

---

52) 바위 틈에 박아 넣는 금속 말뚝

결국 쉬나드는 기존의 사업 방식의 문제와 한계를 위기로 인식하고, 환경에 더 적은 영향을 미치는 방향으로 전환하기 시작했습니다. 그 시작이 바로 파타고니아의 큰 전환점이 된 '1991년 선언'이었습니다. '환경을 최소한으로 훼손하며 최고의 제품을 만드는 것을 사명으로 삼겠다'가 기본 취지였죠. 동시에 불필요한 환경 피해를 유발하지 않는 방식으로 '환경 위기에 대한 공감대 형성과 해결에 기여하겠다'고 선언했습니다. 대내외적인 큰 사업 방향성을 재정립한 것이죠.

1991년 전후의 파타고니아의 사업 방식을 간략히 비교해 보고 넘어갑시다.

**'91 선언 이전**

1. **사업 초점:** 초기 파타고니아는 등산과 아웃도어 활동을 위한 고품질 장비와 의류를 제공하는 데 초점

2. **성장과 이윤:** 사업의 성장과 이윤 창출이 주된 목표였으며, 환경적 지

속 가능성에 대한 인식은 상대적으로 덜 강조

3. **제품 중심**: 제품의 품질과 성능에 중점을 두고, 사용자의 요구와 시장의 수요에 응답하는 방식으로 사업을 운영

# '91 선언 이후

1. **환경 책임**: 파타고니아는 환경 보호를 기업의 핵심 가치로 채택하고, 지속 가능한 방식으로 사업을 운영하기 위해 변화를 시작

2. **재사용과 재활용**: 중고품 거래를 활성화하고, 제품의 수명을 연장하기 위한 여러 이니셔티브를 도입하여, 자원의 낭비를 줄이고 환경에 미치는 부정적 영향을 최소화하려 노력 지속

3. **사회적 영향과 교육**: 환경 위기에 대한 공감대 형성과 해결책 모색에 주력하며, 소비자와 사회에 환경 보호의 중요성을 전파하고, 지속 가능한 소비를 장려

4. **제품과 서비스의 혁신**: 지속 가능한 소재 사용, 제품 생산 과정에서의 환경 피해 최소화, 원웨어(Worn Wear) 서비스를 통한 제품 수명 연장 등을 통해, 환경 보호를 사업 모델의 핵심으로 설정

많이 다르죠. 그나마도 환경에 관심이 있었던 파타고니아지만 '91 선언 이후에는 정말 많이 달라진 게 느껴집니다. '91 선언을 시작으로 단순한 아웃도어 의류 회사에서 '환경 보호와 사회적 책임을 모범적으로 실천하는 파타고니아'로 탈바꿈하게 된 것이죠. 이러한 변화와 혁신의 시기를 거치면서 파타고니아의 사명과 비전에 사회적 가치를 중시하는 철학이 깊이 뿌리를 내리게 된 것이죠..

이런 파타고니아가 어떤 노력을 해 왔는지 간략하게 살펴봅시다.

- **원웨어(Worn Wear) 프로그램**: 사용된 옷과 장비를 수리하여 오랫동

안 사용할 수 있게 함으로써 지속 가능한 소비를 장려

- **재생 폴리에스테르와 유기농 면 사용:** 제품 생산 과정에서 환경 피해를 최소화
- **1% for the Planet:** 매출의 1%를 환경 보호 단체에 기부
- **친환경 패키징:** 플라스틱 사용을 줄이고 재활용 가능한 재료 사용 확대
- **투명한 공급망:** 공급업체와의 관계 강화 및 제품 생산 과정의 투명성 제고

가만히 살펴보면, 생산, 소비 자체와 그 과정 그리고 그 이후에 대해서도 신경 쓰고 있는 게 보이죠.

얼마 전에 있었던 파타고니아의 '사지 마라(Don't Buy This Jacket)' 캠페인'을 기억하시나요? 파타고니아의 사회 가치에 대한 철학이 고스란히 담긴 사례라 볼 수 있습니다. 전달하고자 했던 메시지는 '(소비자들에게) 과소비하지 말자', '(선한 방식으로) 제품 수명을 연장하겠다.' '(그러니) 재활용하자' 등이었을 겁니다.

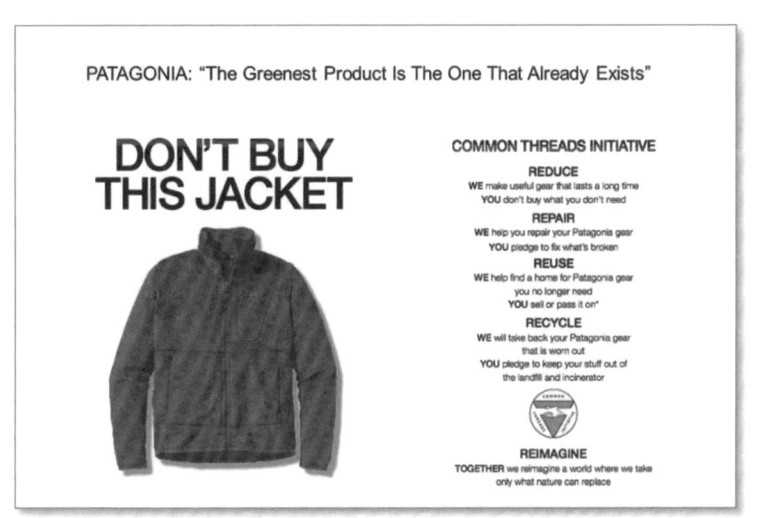

출처: https://media.licdn.com/

아직도 진행 중인 파타고니아의 혁신은 여러 가지 시사점을 주고 있습니다.

- **소비 패러다임 전환:** 과소비를 부추기는 대신, 소비자들이 의미 있는 소비를 하도록 장려합니다.
- **투명성과 진실성:** 소비자와의 소통에서 투명성을 유지하고, 신뢰를 바탕으로 브랜드 가치를 높입니다.
- **환경 보호의 중요성 인식:** 환경 보호는 선택이 아닌 필수임을 강조하며, 기업의 책임 있는 행동을 강화합니다.
- **사회적 영향력 확대:** 기업이 사회적 가치를 창출하며 더 큰 영향력을 발휘할 수 있음을 보여줍니다.
- **장기적 가치 창출:** 단기적 이윤 추구를 넘어, 지속 가능한 방식으로 장기적 가치를 창출하는 방법을 제시합니다.

파타고니아의 이야기는 단순한 영리 추구를 넘어, 지속 가능한 미래와 사회적 가치를 중시하는 기업 문화가 어떻게 세상을 변화시킬 수 있는지를 보여줍니다. 그런데 저런 결과를 가져온 시작이 뭐였는지 기억하시나요? 바로 쉬나드 개인의 문제점 발견 및 인식에서 비롯되었다는 겁니다. 한 개인의 세상 문제에 인식과 의식 그리고 이어지는 해결을 위한 실행이 큰 변화의 중요한 단초가 된다는 점입니다.

## [Topic 16-3] Google: 더 포용적인 사회를 위하여

이제 마지막 사례를 살펴봅시다. 앞서 소개한 두 기업보다는 상당히 젊은 기업이죠. Google! 스탠퍼드 대학의 두 박사과정 학생이 '세상의 정보를 조직하여 보편적으로 접근 가능하고 유용하게 만들자'는 목표를 갖고 1998년

창업했습니다.

사회적 가치 창출에 기술이 큰 도움이 될 수 있다는 점을 일찍부터 인식하고 다양한 영역에서 기술을 개발해 적용하여 상당한 사회적 가치를 창출해 오고 있습니다. 창업 초기부터 중시해 오고 있는 '사용자 중심의 혁신과 개방적인 정보 접근'은 Google 활동의 중요한 근간을 차지하고 있습니다. '혁신' 측면에서 날로 심각해지고 있는 환경 문제 대응에 기술을 적극 활용하면서 지속 가능한 미래를 모색하고 있는 것은 당연한 일입니다. 하지만 칭찬받을 만한 행동입니다. 목표 설정과 실행은 완전히 다른 얘기이기 때문이죠. Google이 실행하고 있는 '정보접근성 제고'를 위한 교육 기회 확장 정책의 효과는 정말 감탄스럽습니다.

예를 들어, Google Earth와 Google Maps는 지리적 장벽을 허물고 사람들에게 세계를 탐험할 수 있는 새로운 방법을 제공했습니다. 또한, Google의 AI 기술은 의료, 환경 보호 등 여러 분야에서 사회 문제 해결에 사용되고 있습니다.

- Google Search: 정보의 민주화
- Google Earth & Maps: 세계의 경계 허물기
- Google AI: 사회적 문제 해결에 AI 기술 활용
- Google.org: 비영리 활동을 통한 사회적 기여
- Android: 접근성 높은 기술로 모두를 위한 스마트 생활 구현

이 책의 도입에서 살펴봤던 기술변화, 모바일 혁명, 초연결 사회 등 현대 사회 변화의 핵심으로 아주 중요하게 자리 잡고 있는 기업임을 알 수 있

습니다. 이를 바탕으로 한 Google의 더 포용적인 사회 구축·강화[53] 노력
도 안팎으로 다양하게 진행되고 있습니다. 이런 Google의 행동이 의미 있게
보이는 데에는 중요한 점이 있습니다. 기술 분야의 글로벌 리더로서 사회에
상당한 영향을 미친다는 것을 인식하고, 기업의 책임이 단순히 자선 활동에
관한 것이 아니라 핵심 사업 운영을 통해 긍정적인 영향을 창출하는 데에 있
음을 이해하고 있다는 점입니다. '무엇을 위해 어디로 가고 있는지를 알고 있
다', 즉 큰 목표(Purpose) 아래 모든 것이 진행되고 있다는 게 핵심입니다.[54]

　Google의 사회 가치, CSR 추구 비전의 특징은 비즈니스 모델과 기업 문
화에 깊이 통합되어 있다는 점입니다. 특히 혁신적이고 포용적인 접근 방식
이 근간을 이루고 있습니다 정리해 봅시다.

- **서비스 및 기술 혁신:** 혁신을 위한 Google의 노력은 제품과 서비스에
  만 국한되지 않습니다. 이는 기술을 선의의 힘으로 사용하여 사회적
  문제와 과제를 해결하는 새롭고 효과적인 방법을 찾는 데까지 확장됩
  니다. Google AI와 같은 이니셔티브는 회사가 중요한 사회 문제를 해
  결하기 위해 첨단 기술을 어떻게 적용하는지 보여줍니다.

- **지속가능성 노력:** 2030년까지 연중무휴 24시간 무탄소 에너지 운영
  을 목표로 지속가능성 제고 노력은 지금도 계속되고 있습니다. 2007
  년부터 탄소 중립을 실천해 왔으며 전력 소비량을 100% 재생 가능 에
  너지로 충당하고 있다 [55]는 것은 많이 알려진 사실이죠. 지속 가능한

---

53)  각주 55 참조
54)  기업의 사회적 책임을 성공적으로 수행하는 16개 브랜드
Google에서 Patagonia까지: 성공적인 기업이 핵심을 보존한 방법
상위 10: 다양한 기업의 사회적 책임을 위한 브랜드
파타고니아가 세계에서 가장 책임감 있는 회사인 10가지 이유
55)  2017년에 RE100을 달성

미래에 대한 '약속 지키기'이자 지속적인 실행 의지를 보여주는 것으로
평가할 수 있습니다.

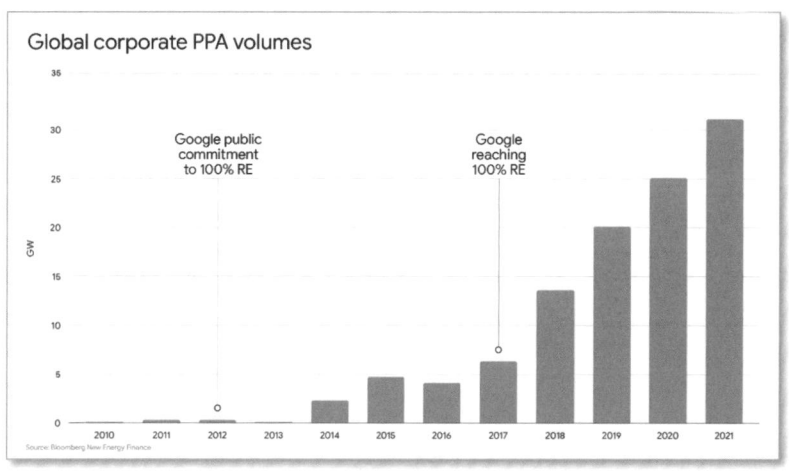

출처: Bloomberg New Energy Finance

- **포괄성 및 접근성**: 경제 및 교육 기회 창출을 목표로 하는 수많은 프로
  그램과 이니셔티브[56]에서 알 수 있듯이 보다 포용적인 사회를 구축하기
  위해 노력하고 있습니다. 사회적 장벽이 회사 영역 너머에 존재한다는
  것을 인정하고 이러한 장벽을 무너뜨리는 데 Google은 진심입니다.

- **기업 지배구조 및 투명성**: 이해관계자의 신뢰를 유지하는 데 필수적인
  윤리적 비즈니스 관행, 투명성, 표현의 자유를 매우 강조하고 있고, 이
  러한 약속은 기업 지배구조에 반영되어 있습니다. 이를 위해 경제적,
  사업적 이익과 사회적, 환경적 목표 사이의 균형을 끊임없이 추구하고
  있습니다.

---

56) e.g. Google Career Certificates, Google.org Philanthropic Initiatives, Building a More Inclusive
Society, Educational Investments through Google.org, Initiative for the Future of Work 등

- **커뮤니티 참여 및 자선 활동**: Google.org를 통해 자선 활동 및 커뮤니티 지원에 직접 참여하거나, 사회적 영향, 혁신, 커뮤니티 구축에 초점을 맞춘 전 세계 프로젝트에 자금을 지원하는 간접 참여도 많이 하고 있습니다. 사회 변화와 발전을 위한 힘이 되겠다는 Google의 의지가 직접 느껴지는 대목입니다.

이상과 같은 Google의 노력을 한마디로 표현한다면 '혁신과 책임'이라고 할 수 있겠습니다. 긍정적인 사회적 영향을 끼칠 수 있다는 점을 스스로 인식하고 혁신을 추구하면서 동시에 사회적 책임을 다하면서 보다 포용적인 세상을 열기 위한 모범을 보이는 거죠. '기술 혁신, 포용성, 지역 사회 지원, 책임 있는 행동, 환경 지속 가능성 결합' 등으로 요약되는 Google의 노력은 충분히 다른 기업의 롤 모델이 될 만합니다.

## [Topic 16-4] 그들을 다르게 만들어 준 것은 무엇일까?

Johnson & Johnson, Patagonia, 그리고 Google! 이 기업들은 어떤 점에서 다르길래 사회적 가치 추구, 창출 측면에서 잘할 수 있는 것일까? 참 궁금합니다. 이들의 공통점에서 당연해 보이지만 매우 중요한 시사점을 배울 수 있습니다

제일 먼저 **책임감 있는 리더십(Responsible Leadership)**입니다. 이들 기업은 강력한 리더십과 비전을 가진 경영진을 중심으로 사회적 책임을 기업 문화의 핵심으로 삼고 있습니다. 리더들은 장기적인 관점에서 기업의 성장과 사회적 가치 창출을 동시에 추구합니다. 이런 리더십의 출발점은 무엇일까

요? 경제적 가치를 최대로 만들고자 하는 게 목표였을까요? 기업이니까 이 목표가 없다는 것은 말이 안 되죠. 하지만 본질적인 출발점은 그보다 더 깊은 데에 있습니다 이 기업들의 경영자들 모두 그들이 처한 사회 속에서 어떤 이슈가 사회적 문제인지 고민했습니다. 그 문제로 누가 혹은 어디가 고통받고 있는지를 살펴봤습니다. 그러고는 기술개발, 신제품, 새로운 문화운동 등을 통해 그 사회적 문제들을 해결해 왔습니다. 더욱 중요한 것은 지금도 계속하고 있다는 것입니다.

그러다 보니 두 번째 특성인 **지속 가능성에 대한 헌신**(Sustainability Commitment)이 가능했던 겁니다. 지속가능성에는 환경이 중요한 변수입니다. 사회적 가치 창출에 능한 기업들은 환경에 미치는 영향을 최소화하면서도 경제적으로 성장할 방법을 모색하는 것을 중요한 전략으로 삼고 있습니다. 살펴보았듯이, Johnson & Johnson의 글로벌 보건 개선 노력, Patagonia의 환경 보호 노력, Google의 재생 가능 에너지 사용 등이 이 기업들의 큰 전략인 것이죠.

세 번째 공통 특성으로 **투명성과 윤리성**(Transparency and Ethics)을 강조 안 할 수 없습니다. 이들 기업은 공급망 관리, 제품의 품질, 기업 거버넌스에 있어서 높은 투명성과 윤리적 기준을 유지합니다. 이 기업들에 대한 소비자와 투자자들의 신뢰가 두터워집니다. 장기적으로 기업 가치를 높이는 기본 요인이 됩니다. 아무리 리더십이 뛰어나고 지속가능성에 열심이라고 해도, 그 속내가 진정성이 없고 불투명하게 뭔가를 숨길 것 같은 상태라면 뭘 기대할 수 있겠습니까? '속이 텅 빈 강정'이 될 것이고 결국 기업 자체의 존속 가능성조차 문제가 될 수 있습니다 투명성과 윤리성, 참 중요한 부분입니다.

네 번째로 **혁신을 통한 가치 창출(Innovation for Value Creation)**입니다. 사회적 문제는 당시 사회가 차용한 프레임이 한계점을 드러내면서 발생하는 것으로 볼 수 있습니다. 그때 사회 내에 활용 가능한 방법으로는 '잘' 해결하는 게 어렵습니다. 그럼 우리가 필요한 것은? 바로 혁신입니다. 기술이든, 방법론이든, 생각하는 방식이든! 뭔가를 바꾸고 새로운 시각으로 바라보아야 '안되는 것은 되게, 되던 것은 더 잘 되게' 해결할 수 있죠. 혁신을 통한 기술 개발, 제품 개발, 서비스 창출 등이 시장에서 차별화를 이루고 새로운 가치를 창출할 수 있는 유일한 방법입니다. 사회문제 해결과 동시에 경제적 가치 실현을 목적으로 한 Google의 첨단 기술, Patagonia의 지속 가능한 소재, Johnson & Johnson의 보건 및 의료 서비스 등은 혁신 없이는 불가능했을 겁니다.

마지막으로 언급해야 하는 부분은 이 기업들의 **진정성**이 담긴 **이해관계자와의 협력(Stakeholder Collaboration)**입니다. 이해관계자들이 없다면 기업은 존재할 수 없습니다: 정책과 규제로 제도적 환경을 만들어 주는 정부, 상품·서비스 기획, 기업 운영 업무를 담당하는 내부 구성원, 더불어 상품·서비스를 만들 협력업체, 경영·생산활동에 필요한 자금을 공급해 주는 주주와 투자자, 생산된 상품·서비스를 구매해 줄 소비자, 기업의 사회적 책임 실행 여부를 감시·견제하는 언론, 각종 시민단체 등등. 이들 없이는 존재 자체 의미가 없기 때문에 기업 경영에 있어 이해관계자와의 소통 및 협력은 아주 중요한 주춧돌입니다. 하지만 과거 기업들을 보면 쉽지 않은 문제였습니다. 기업들은 그들이 원하는 것만 이해관계자들에게 보여줬습니다. 하지만 요즘같이 너무나 많은 정보를 너무나 쉽고 빠르게 알 수 있는 지금의 4차산업혁명 시대에는 그렇게 하는 게 어려워졌습니다. 그런 기업들의 설 자리는 점점 더 없어지고 있습니다. 세 번째 특성인 투명성과 윤리성과 더불어 이해관계자들과의 소통과 협력은 의무를 넘어 필수적인 요소가 된 겁니다. 사례로 살펴본 위 기업들도 소비자, 직원, 공급업체, 지역사회 등 다양한 이해관계자와의 긴밀한 협력을 통해 사회적 가치를 구현하고 있습니다.

많은 책에서, 많은 전문가가 수도 없이 얘기해 온 내용들입니다. 그만큼 하기가 쉽지도 않다는 사실의 반증이겠죠. 하지만 그만큼 중요한 요소라는 점을 깊이 새겨야 합니다.

PART

04

무조건 해보는 거야!

# 기본은 아무리 강조해도 지나치지 않다!

## [Topic 17-1] 기본 Framework: 나만의 그림판을 만들자.

여기서는 실행을 위한 기본 Framework를 소개하고자 합니다. 이를 바탕으로 독자 여러분들의 상황과 특성을 감안한 특유의 Framework를 만들어 볼 것을 권장해 드립니다. 자기만의 Framework에 따른 실행을 여러 번 거치게 되면, 모든 흐름이 여러분들의 사고와 행동에 탄탄하게 자리 잡게 될 것입니다. 기본 Framework는 아래와 같습니다.

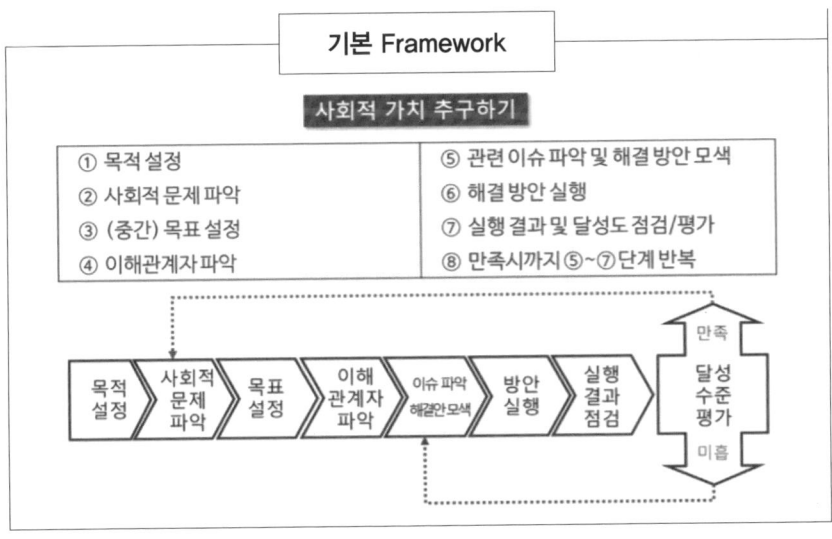

평소 관심, 자신의 능력, 처한 환경 등을 중심으로 한 '사회적 문제'를 찾는 것이 무엇보다 우선되어야 합니다. 이는 앞서 논의한 부분을 참고해서 다시 한번 고민해 보시기 바랍니다.

그리고 나서 본격적으로 자신 특유의 목적을 설정한 뒤 그 달성을 어렵게 만드는 난관들을 찾아 해결하면서 '성공'으로의 여정을 계속해 나가는 것으로 보면 됩니다.

항목별로 간단히 정리해 보겠습니다.

## [Topic 17-2] 가장 중요한 '목적(Purpose)'부터 설정해 보자!

[Part 1]에서 살펴보았듯이 '목적'은 성공 여정에서 여러분들이 길을 잃지 않게 도와주는 나침반입니다.

우리는 끊임없이 무엇인가를 목표로 삼아 노력하면서 스스로 원하는 삶을 추구합니다. 예를 들어,

돈을 많이 벌고 싶다, 유명한 연예인이 되고 싶다,
교수가 되고 싶다, 국회의원이 되고 싶다, 백만 유튜버가 되고 싶다.
아이돌이 되고 싶다, …….

이런 모든 종류의 목표를 유형화해 보면 대략 세 가지로 정리됩니다. 부, 명예, 그리고 권력! 어느 것을 추구하든 그것은 모두 개인의 의지에 따른 것이고 좋고 나쁨에 대한 가치 판단은 무의미합니다. 하지만, 여기서 논의하고 있는 '목적'을 위해서는 왜 저런 목표를 추구하는지에 대한 근본적 질문을 해

봐야 합니다.

왜 부를 추구하는가?

왜 명예를 추구하는가?

왜 권력을 추구하는가?

부, 명예, 권력이 궁극의 목적이 될 수는 없습니다. 예를 들어 당신이 남들도 인정하는 수준의 엄청난 부를 이뤘다고 가정해 봅시다. 그러면 이것으로 끝일까요? 돈을 많이 벌고 싶다는, 거대한 부를 이루고 싶다는 생각했을 때 그 이면에는 '돈을 많이 벌어 OOOO를 하고 싶기 때문'이라는 생각도 같이하는 게 인지상정입니다. 저 'OOOO'가 돈을 버는 것보다 한 단계 더 본질에 가까운 목표일 겁니다. OOOO의 예로는

돈 걱정 없이 살고 싶다, 좋은 집에 살고 싶다,

좋은 차를 타고 싶다, 우리 가족을 행복하게 하고 싶다,

와 같은 개인적인 욕망에 관한 것일 수도 있고,

식사를 제대로 못 하는 어린아이들을 도와주고 싶다,

악화일로에 있는 환경 문제 해결에 도움이 되고 싶다,

기술개발에 투자해서 장애인들이 편하게 생활할 수 있는

세상을 만들고 싶다, 물이 더럽고 부족한 지역의 문제를 해결해서

그 지역 사람들의 건강을 증진하는 데 도움이 되고 싶다,

와 같은 사회적 문제 해결과 관련된 것일 수도 있습니다. '멋있는 성공'과 관련된 '목적'은 후자의 예시들과 연결되어 있습니다. '목적'을 설정할 때 무엇을 기준으로 할지가 매우 어렵지만 중요하다는 점을 알게 해주는 부분입니

다. 앞서 논의했듯이 사회적 문제 해결을 통한 가치 창출이 개인에게는 물론 기업의 성공에도 긍정적 영향을 줍니다. 더욱이 이런 목적이 갖는 또 다른 좋은 특성인 '자발적인 추진력' 덕분에 긍정적 영향이 계속 커지는 선순환을 기대할 수 있습니다. '기준'이 그만큼 중요하다는 것을 다시 한번 일깨워 주는 대목입니다.

이 과정에서 우리에게 다가오는 어려움은 '사회적 문제 해결을 통한 사회적 가치 창출'로 대별되는 '선한 의식(Good Willingness)'이란 것이 그냥 얻어지지 않는다는 점입니다. 하지만 반복적인 생각, 학습, 훈련을 통해 얻어낼 수 있습니다. 단순히 안정된 생존 수준의 삶을 살고자 하는 것이 아니라 지속되는 성공적인 삶을 추구하는 사람에게는 어려운 일이 아닙니다. 반복적인 Spiral Thinking을 통해 찾아낼 수 있습니다.

예시를 통해 가상의 목적을 정해가는 과정을 살펴봅시다.

☞ 나의 장점, 관심 찾아내기
  • 나는 대부분의 과목에서 공부하는 게 재미없다.
  • 하지만 화학 실험 시간은 예외다.
  • '화학'과 '실험'이 핵심 키워드

☞ 관심 가는 주변의 사회적 문제 찾기
  • 공기의 대기질이 점점 나빠지고 있다
  • 동네 주변의 우범지대가 많아지고 있다
  • 교통사고에 따른 사망자 수가 늘고 있다
  • 집안 청소에 사용하는 제품 중에 유해한 것들이 많다

☞ 내 관심·능력과 사회적 문제 연결하기

• '화학', '실험', &* '대기질 악화', '유해한 제품'

⇨ 이 연결을 통해 '나만의 목적'을 설정해 볼 수 있다.

☞ 문제 해결을 위해 내가 가고자 하는 방향 설정하기

• '화학'을 이용해 공기를 맑게 해 숨쉬기 편한 세상을 만들자!

• '화학'을 이용해 인간에게 무해한 청소 제품을 만들어 안심하고 살 수 있는 세상 만들기에 기여하자!

이런 과정을 거쳐 '관심(희망)-재능-사회적 문제'를 연결, '목적'을 설정할 수 있는 것입니다. 한번 설정했다고 해서 그것으로 끝이 아닙니다. 물론 끝일 수도 있습니다. 하지만 시간이 흐르고, 경험이 많아지면서 나의 능력도 계속 확대될 것이고, 세상을 보는 눈도 보다 넓고 깊어지면서 목적 또한 보다 넓으면서도 구체적인 형태로 진화할 수 있습니다. 이것은 당연합니다. 오히려 그리되지 않으면 발전 없이 교착 상태에 빠진 것일 수도 있습니다. 따라서 여러분은 반복적으로 목적을 다듬고 또 다듬어 가면서 '성공'을 이뤄내게 될 것입니다.

'목적' 설정에 있어 중요한 요소가 하나 더 있습니다. '목적'의 범위 혹은 수준과 관련된 것입니다. 목적이 지나치게 구체적이거나 광범위하면 나침반으로서 역할을 제대로 하기가 어렵습니다.

(예1) 맑은 공기로 가득 찬 내 방 만들기!

실제 저런 목적을 만드는 경우는 드물겠지만 예시 목적상 잡아 봤습니다. 저 목적과 관련된 사회적 문제는 무엇일까요? 사회적 문제보다는 개인적인 문제일 가능성이 높습니다. 범위가 좁다고 볼 수 있습니다. 그래서 뚜렷한 방향성을 잡아내기도 쉽지 않습니다. 그럼 다음과 같은 예를 봅시다.

(예2) 세상의 공기가 깨끗해지는 데에 기여하기!

언뜻 보면 위 목적 예시는 '범위가 너무 넓다'라고 생각할 수도 있습니다. 그런데

(예3) 세상의 공기를 깨끗하게 하기

와 비교해 보면 어떤 느낌인가요? 두 번째 목적은 노력하는 많은 무리 중의 한 명으로서 나의 역할을 하겠다는 것으로, 세 번째는 내가 주도적으로 혼자서 목적을 이루기 위해 노력하겠다는 것으로 해석될 수 있지 않을까요? 하지만 목적을 세운 주체가 누구인지에 따라 그 반대가 될 수도 있습니다.

어떤 목적이 맞는 것인지 정답은 없습니다. 나침반 역할을 제대로 하는 '목적'은 각 개인·조직의 특성과 그들을 둘러싼 환경적 요인들을 감안해야 합니다. 예를 들어, 유치원이나 초등학교 저학년에 다니고 있는 어린 친구들에게는 (예1)도 적절한 목적이 될 수 있습니다. 하지만 정리정돈을 잘하는 청소년과 신입사원, 교수, 사회운동가와 같은 성인들에게는 더 이상 유효하지 않은 목적일 수 있습니다. 그들에게는 (예2)나 (예3)이 더 적절한 목적이 될 수 있겠죠. 자신의 연령대, 직업, 전문성 등에 따라 목적은 다르게 설정될 수 있습니다.

마지막으로 두 가지만 더 논의하고 이번 이야기를 마무리하겠습니다

목적 설정을 정교화하는 팁 하나 먼저 소개해 드리겠습니다. 소개해 드릴

방법은 컨설팅에서 많이 사용하는 '5 Why 분석법'입니다. 이 분석법은 원래 '문제 해결에 있어 근본적인 원인 파악'을 위해 주로 사용되는 문제해결 기법입니다. 관련 선문가들은 문제 해결과 관련해서 쉽게 나오는 실수가 '돈 혹은 사람'을 문제의 원인으로 꼽으면서 그런 결론은 지양해야 한다고 경고합니다. 이 경고의 의미는 역으로 '돈만 있으면…, 사람만 있다면…, 혹은 그 사람이 사라진다면…' 그 문제가 해결될 것인가를 고민해 본다면 쉽게 이해할 수 있습니다. 많은 경우, 돈이나 사람으로 해결될 문제가 아닌 경우가 대부분이며, 다른 본질적인 문제를 찾아야 하는 것입니다.

여기서도 마찬가지입니다. 간략하게 완성되지 않은 '목적'을 설정했을 때, '왜 그 목적이 나에게 중요한가? 왜 나는 그 목적을 내 삶의 기조로 삼아야 할까?'와 같은 의문을 제시해 봐야 합니다. 그리고 그에 대한 답을 스스로 해 보는 겁니다. 예를 들어 (지양해야 할 부분이지만),

'한국 최고의 부자 되기'

를 목적으로 잡았을 때, '왜 '최고의 부자 되기'를 목적으로 잡았지?'라고 자문해 봅니다. 만약 (그럴 가능성은 높지 않지만) 부자 되는 것 그 자체가 나에게 최고의 가치이며, 그 목적이 달성되면 더 이상 바라는 게, 하고 싶은 게 없다면 제대로 된 목적을 설정할 것으로 평가할 수 있습니다. 하지만 다른 이유를 얘기할 수 있다면 그렇지 않습니다

최고의 부자라는 명예를 통해 하고 싶은 일이 있다!
혹은
최고의 부를 이루어서 그 자원으로 하고 싶은 일이 있다!

고 한다면, '최고의 부자 되기'는 목적이 아닙니다. 위 두 예에서 언급된 '하고 싶은 일'을 구체화하면 목적이 될 수 있습니다. 두 번째 'Why'는 하고 싶은 일이 구체화하였을 경우, '그 일을 왜 하고 싶은 건가?'가 됩니다.

첫 번째 '명예를 통해 하고 싶은 일'이란 것은 부를 통해 얻은 명성을 활용해서 세상에, 조직에, 사람들에게 영향력 있는 무엇인가를 하려는 것으로 볼 수 있겠죠. 두 번째 '그 자원으로 하고 싶은 일'은 축적한 부를 직접적으로 활용해서 어떤 행동을 하고자 하는 것이겠죠. 이런 생각을 기준으로 '두 번째 Why'를 진행해 봅시다.

젊은이들이 자본의 논리와 세상의 이치를 알게 하고 싶다.
혹은
아직도 점심을 굶고 있는 어린이들에게 도시락을 주고 싶다.

두 번의 'Why'로 상당히 의미 있고 구체화한 '목적' 후보가 나왔습니다. 'Why'를 다섯 번 하면 그 구체성이나 방향이 훨씬 좋아지겠지요?

꼭 다섯 번을 반드시 해야 하는 것은 아닙니다. 때로는 다섯 번을 넘어 여러 번 더 생각해 봐야 할 수도 있습니다. 'Why'전에 여러분들이 설정한 초기 '목적'이 어느 정도 수준인 가에 따라 다를 수 있습니다. 다만, '지나치게 좁지 않은 방향성을 제시'해 주는 정도의 '목적'으로 정교화되었다고 판단되면 거기서 멈추고 그 이후로 넘어가면 됩니다. 위 둘에 대해 'Why'를 한 번만 더해볼까요?

'왜 이치를 알게 하고 싶은가?',

'왜 도시락을 주고 싶은가?'

이에 대한 답은 개인들·조직마다 처한 환경이나 경험 등에 따라 상이할 수 있습니다. 저는 다음과 같은 답을 생각해 봅니다.

이치에 밝은 젊은이들이 많아 미래가 희망적인 사회 만들기

굶는 어린이가 없는 안전하고 행복한 사회 만들기

세 번의 'Why'로 매우 그럴듯한 'Purposeful' 한 '목적'이 도출되었습니다. 이들을 '목적'으로 설정한다면, 앞서 '돈 만들기'는 그 목적을 위한 수단으로 '(중간) 목표'가 될 수 있겠죠.

이렇듯 '목적'을 설정하는 데 있어 소위 '5 Why 분석법'을 응용하면 좋은 결과를 도출할 수 있을 겁니다.

최종적으로 여러분들이 잊지 말아야 하는 요소는 '시간의 영향'입니다. 개인으로서든, 조직의 일원으로서든 시간이 흐름에 따라 여러분들의, 여러분 조직의 역량과 시야, 책임 가능 범위 등이 확대된다는 점입니다. 이렇게 되면 여러분들의 목적을 지탱해 주는 제약조건이 달라지는 것이고, 이를 감안한 새로운 목적을 세울 수 있게 되는 것입니다. 따라서 시간이 흐르면서 여러분들의 목적은 보다 넓고 깊지만, 더욱 정교해질 수 있습니다. 그리하면 이룰 수 있는 성공의 정도 또한 커지게 되는 것임은 당연한 사실입니다.

목적 설정이 이루어지면 나머지 단계들은 실질적으로 크게 문제 될 것이 없습니다. 그래서 좀 길다고 느끼실 정도로 '목적' 항목을 자세하게 설명해 드렸습니다. 그만큼 중요하고 동시에 쉽지 않기 때문이기도 합니다.

이 이후의 항목들은 그것에 맞게 설정하면 되는 것으로, 여러분들이 이 사회의 일원으로 공부하고 일해 오면서 이미 많이 경험해 보신 것들입니다. 따

라서 나머지 항목들은 이 책에서 전달하고자 하는 내용과 연관된 주요한 인사이트를 간략히 설명하는 정도로 소개해 드리겠습니다.

## [Topic 17-3] 목표 설정 달성하기 쉬운 것부터!

'목적' 설정이 완료되면 이제 그 목적 달성을 위한 '목표'를 잡아야 합니다. 사실 이 '목표'는 여러 개가 될 수 있습니다. '나 자신'의 능력과 관련된 것일 수도 있고, '내 주변'의 환경적인 것일 수도 있습니다. 또한 단계별로 연결된는 여러 개의 작은 목표일 수도 있습니다.

참고로 '5 Why 분석 기법'을 통해 목적을 도출하면서 그 과정상에 있었던 것들이 '(중간) 목표'가 될 수도 있습니다. 앞서 살펴본 예시에서 '최고 부자 되기', '세상 이치 일깨워 주기', '도시락 나눠주기' 등이 이에 해당됩니다.

방향을 제시해 주는 큰 '목적'하에서 '목표'는 단계별, 혹은 시간별로 여러 가지를 생각해 볼 수 있습니다. 이렇게 나온 여러 '목표'들을 그 중요성과 시급성을 고려해서 우선순위를 정해야 합니다. 이때 고려되어야 할 것이 '나의 능력'과 관련된 것 이외에 '다른 이해관계자' 혹은 '주변 환경'과 관련된 이슈들입니다.

## [Topic 17-4] 누가 중요한 이해관계자인가?

너무나도 자명한 부분이지만 이해관계자 파악은 '목적'은 물론 '목표' 설정과 연계해서 고려해야 합니다. 기본적으로는 '사회적 문제'를 찾고 정의하면서 주요 이해관계사는 파악이 됩니다. 다만, 목적과 그에 따른 목표를 설정되면서 이해관계자별 고려해야 할 사항들, 그 사항들에 따른 이해관계자들 중요도의 우선순위, 이해관계자별로 준비해야 할 실행 가이드 등이 그것에 맞게 정리되어야 합니다. 같은 이해관계자 집단이라고 하더라도 고려해야 할 이슈가 다르면 그들과의 관계는 물론 실행해야 할 Action Item들도 달라지기 때문입니다.

그러면 프로젝트의 성공을 위해 필수적인 첫 단계인 이해관계자 파악은 어떻게 해야 할까요? 크게 다음의 4단계를 거쳐 파악하는 것이 일반적입니다.

1단계) 이해관계자 식별
① 프로젝트 분석: 프로젝트 목표와 범위를 명확히 이해하고, 관련된 모든 주요 요소를 파악한다. 이를 통해 직접적으로 영향을 주거나 받는 사람들을 식별할 수 있다.
② 이해관계자 목록 작성: 프로젝트와 관련된 모든 개인, 그룹, 조직을 나열한다. 이때 내부(직원, 경영진)와 외부(고객, 공급업체, 지역사회) 이해관계자를 모두 포함한다.
③ 이해관계자 범주화: 식별된 이해관계자를 중요도와 영향력에 따라 분류한다. 이를 통해 우선순위를 정하고, 효과적인 커뮤니케이션 전략을 세울 수 있다.

2단계) 이해관계자의 필요와 기대 파악
① 인터뷰 및 설문조사: 주요 이해관계자와의 직접 인터뷰나 설문조사를 통해 그들의 필요와 기대를 파악한다. 이 과정에서 개별적인 관심사와 우려 사항을 확인한다.

② 기존 문서 검토: 과거 프로젝트 보고서, 피드백 자료 등을 검토하여
  이해관계자의 과거 요구와 반응을 분석한다. 이를 통해 반복적으로
  나타나는 요구나 기대를 확인할 수 있다.

③ 긴급성 평가: 이해관계자의 요구와 기대가 프로젝트 일정에 얼마나
  긴급한지를 평가한다.

④ 전문가 조언: 해당 분야의 전문가나 컨설턴트와 상담하여 이해관계자
  의 일반적인 필요와 기대를 파악한다. 이를 통해 보다 넓은 시각에서
  이해관계자의 요구를 예측할 수 있다.

3단계) 이해관계자 영향력 분석:

① 영향력 매트릭스 작성: 이해관계자의 영향력과 관심도를 기준으로 매
  트릭스를 작성하여 그들의 상대적 중요성을 시각화한다. 이를 통해
  관리 전략을 구체화할 수 있다.

② 힘과 관심 분석: 이해관계자의 힘(권한, 자원)과 관심(관심도, 참여
  의지)을 분석하여 각각의 이해관계자를 어떻게 관리할지 결정한다.
  이 과정에서 그들의 주요 동기와 목표를 파악한다.

③ 중요성 평가: 프로젝트 목표 달성에 있어서 각 이해관계자의 중요성
  을 평가한다.

④ 리스크 평가: 각 이해관계자가 프로젝트에 미칠 수 있는 리스크를 평
  가한다. 이를 통해 잠재적인 문제를 미리 식별하고 대응 전략을 세울
  수 있다.

4단계) 전략 개발

① 관리 가능성: 각 이해관계자와의 관계를 얼마나 쉽게 관리할 수 있는
  지를 고려한다.

② 참여 유도: 프로젝트에 적극적으로 참여할 수 있도록 이해관계자를
동기 부여하고 관여시킨다.

③ 갈등 해결: 이해관계자 간 또는 프로젝트팀과 이해관계자 간의 잠재
적 갈등을 해결하기 위한 접근 방식을 마련한다.

5단계) 이해관계자 커뮤니케이션 계획 수립

① 커뮤니케이션 채널 설정: 각 이해관계자에게 적합한 커뮤니케이션 채
널(이메일, 회의, 보고서 등)을 설정한다. 이를 통해 효과적인 정보
전달을 가능하게 한다.

② 정기적 업데이트: 이해관계자와의 정기적인 소통을 통해 프로젝트 진
행 상황을 공유하고, 피드백을 반영한다. 이를 통해 이해관계자의 신
뢰를 유지하고 협력을 강화한다.

③] 맞춤형 메시지: 각 이해관계자의 필요와 기대에 맞춘 맞춤형 메시지
를 준비하여 전달한다. 이를 통해 그들의 관심을 끌고, 적극적인 참
여를 유도할 수 있다.

다시 한번 강조하지만, 이해관계자 파악은 프로젝트 성공의 중요한 요소입
니다. 각 단계를 체계적으로 수행하여 이해관계자의 요구와 기대를 충족시키
는 것이 중요합니다. 위에 설명된 단계들과 하위 항목을 체계적으로 실행하
는 것이 그 시작입니다. 이런 과정을 거치면서 프로젝트의 성공 가능성은 더
욱 높아지게 됩니다.

## [Topic 17-5] 이슈 파악은 해결의 시작!

여기서 다루는 '이슈'는 목적 수립 시 고려하는 '사회적 문제'와는 다른 것임을 이해해야 합니다. 여기에서 '이슈'는 나의 목표를 달성하는 데에 있어 장애가 되거나 해결하고 넘어가야 할 숙제를 의미합니다. 개인·조직의 능력 차원 이슈, 혹은 특정 이해관계자와의 관계상 이슈, 혹은 제도적·법적 이슈 등을 생각해 볼 수 있습니다.

구체적으로는 업무 능력, 프로젝트 추진을 위한 리소스 동원 능력, 이해·동의·공감을 끌어낼 수 있는 이해관계자와의 커뮤니케이션 능력, 법·제도에 대한 이해 혹은 규제 개선 추진 능력 등과 관련된 이슈들입니다.

## [Topic 17-6] 그리고 나머지 단계들 …

이후 목표가 달성될 때까지, 혹은 목표를 상향 조정할 필요가 생길 때까지 '실행 → 점검·평가 → 보완 재실행' 과정을 반복하게 됩니다. 일련의 연결된 목표가 있으면 계속 이어서 동일한 작업을 반복하면, 의도했던 목표를 달성해가면서 작은 성공 경험도 동시에 쌓이게 됩니다.

큰 성공 혹은 궁극의 성공은 단숨에 이루어지지 않는다는 것은 누구나 알고 있는 사실입니다. 그것을 실제로 이뤄내는 사람은 다음 아닌 이런 과정을 통해 작은 성공을 시작으로 점점 더 큰 성공을 이룰 수 있는 곳을 향해 나아가고 또 이뤄내는 노력을 계속합니다. 그래서 많은 선각자들이 '작은 성공을 이뤄내는 것이 중요하다, 성공을 위해서는 실패 경험이 더 값지다, 성공도 습관이다'라는 말을 외치는 것입니다

# 열여덟 번째 이야기

# 예시를 보며 담금질해 봅시다.

## [Topic 18-1] '목적' 있는 삶을 통한 마릴린 몬로의 성공

마릴린 몬로는 우리들 대부분에게 20세기 중반 할리우드의 아이콘으로, 세기의 섹스 심볼로 많이 알려져 있습니다. 과연 그러기만 했을까요? 아닙니다. 그녀의 삶은 고난과 도전으로 가득했지만, 목적(Purpose)을 갖고 극복하고 성공을 이뤄낸 감동적 스토리를 담고 있습니다.

불우했던 어린 시절을 거치면서 끊임없이 더 나은 삶[57]을 꿈꿨던 마릴린 몬로는 모델 일을 시작하며 자신의 외모와 재능을 활용하기 시작했습니다. 미국의 영화산업이 태동하던 시절에 맞춰 그녀의 목표는 '배우'[58]가 되는 것이었습니다.

수년에 걸친 부침 끝에 드디어 1946년, 그녀는 20세기 폭스와 계약을 맺고 영화배우의 길을 걷기 시작합니다. 초기에는 제작사인 20세기 폭스사가 정해 놓은 시스템이 정한 이미지로만 연기를 했습니다. 소위 'Bimbo' 스타일

---

57)  기본 Frame work상의 '목적'에 해당한다. 처음 '본인의 나은 삶'을 시작으로 이후 '불평등하고 부조리한 상황에 처한 사람들의 삶'으로 확장된다.

58)  기본 Frame work상의 '목표'에 해당한다.

의 역할이었습니다, 매력적이고 섹시하지만 똑똑하지는 않은 여자를 일컫는 말입니다

'목적' 의식이 있었던 마릴린 몬로는 단지 아름다운 얼굴로만 기억되고 싶지 않았고, 연기자로서 진정성[59]을 가지고 싶어 했습니다. 'Bimbo' 이미지를 벗어나 진정한 연기자로 인정받는 것이었습니다. 이를 위해 이미 스타로 자리 잡은 시절에 뉴욕에 있던 연기 학원인 Actors Studio에 가서 소위 '메소드 연기'를 지도받기도[60] 했습니다. 두번 째로 당시 영화산업에서 배우의 위상, 특히 '시키는 대로, 주어진 것만' 해내는 정도였던 여배우의 위상에 심각한 문제 의식[61]을 느꼈습니다. 또한 제작사와 배우 간의 수익금 관련한 불평등하고 부조리한 시스템[62]도 그녀의 혁신 대상 중 하나였습니다. 결국 그녀는 20세기 폭스와의 계약을 거부하고, 1954년 자신의 제작사인 마릴린 몬로 프로덕션 (MMP)을 설립하면서 독립[63]을 선언했습니다.

이런 어려운 과정 문제들에 도전하고 극복하면서 그녀는 자신이 원하는, 의미 있는 역할을 선택할 수 있게 되었습니다. 단순히 'Bimbo'가 아닌 진정성 있는 연기자가 될 수 있었던 겁니다. 〈버스 정류장〉과 〈뜨거운 것이 좋아〉등이 그런 대표작이었습니다.

마릴린 몬로는 단지 영화산업 내의 불평등뿐만 아니라 다른 사회적 문제에도 적극적으로 참여했습니다. 인종차별[64]이 심했던 당시 유명한 흑인 재즈

---

59)   기본 Frame work상의 '문제점 찾기'에 해당한다.
60)   기본 Frame work상의 '문제 해결, 보완'에 해당한다.
61)   기본 Frame work상의 '문제점 찾기'에 해당한다
62)   기본 Frame work상의 '문제점 찾기'에 해당한다
63)   기본 Frame work상의 '문제 해결, 보완'에 해당한다
64)   기본 Frame work상의 '문제점 찾기'에 해당한다

가수 엘라 피츠제럴드를 도와준 사례가 유명합니다. 마릴린은 흑인인 피츠제럴드는 공연할 수 없는 인기 클럽인 모카보에서 공연할 수 있도록 도와준 것입니다. 이는 마릴린 몬로가 클럽 주인에게 매일 공연을 관람하겠다고 약속[65]하면서 성사되었던 것입니다.

마릴린 몬로는 단지 성공을 추구한 것이 아니라, 자신의 삶에 목적을 부여하며 그것을 이루기 위해 끊임없이 노력한 인물이었습니다. 어떤 어려움에도 굴하지 않고, 자신의 목적을 위해 나아가는 삶의 중요성을 보여주는 '목적을 가진 삶'의 전형이라 할 수 있습니다.


## [Topic 18-2] 조직 내에서 '목적 있는 일원'으로 성공하기

DIY 가구로 유명한 IKEA는 과거 아동 노동 문제로 위기에 빠질 뻔한 적이 있습니다. 1994년, 언론을 통해 파키스탄에서 생산된 IKEA의 러그 공장에서 아동 노동[66]이 사용된다는 사실이 알려졌던 겁니다.

이때 러그 부문의 사업 관리자였던 Marianne Barner는 문제의 심각성을 인식하고 즉각 대응했습니다: 파키스탄의 제조업체와의 계약 종료, 모든 공급업체와의 계약에 아동 노동 금지 조항 추가 등. 추가로 유니세프(UNICEF) 및 세이브 더 칠드런(Save the Children)과 협력하여 IWAY(Code of Conduct)를 개발, 정착시켰습니다. 이 코드는 공급망 내에서 아동 노동을 금지하고 윤리적 기준을 강화하는 데 중요한 역할을 했습니

---

65) 기본 Frame work상의 '문제 해결, 보완'에 해당한다
66) 아동 노동은 기본적으로 금지되어 있는 비윤리적 행위로, 나이키 또한 1996년에 아동노동으로 홍역을 치룬 바 있습니다.

다.[67]

이후 2000년대 초반부터 지속 가능성 관리자 (Sustainability Manager) 로서 IWAY 코드의 실행과 공급망 투명성을 감독하는 역할을 맡은 Jeanette Skjelmose가 있었습니다. 그녀는 IWAY 코드를 기반으로 공급업체들이 윤리적 기준을 준수하도록 감독하고, 아동 노동 문제를 해결하는 데 주력했습니다. 독립적인 조사, 문제 파악. 해결책 제시 등 그녀의 노력 덕분에 IKEA 는 아동 노동 및 강제 노동 문제를 해결하고, 더 투명하고 책임 있는 공급망을 구축할 수 있었습니다.[68]

1994년 사태 이후 2000년에 도입된 IWAY 코드에는 환경, 사회적, 근로 조건을 포함한 다양한 윤리적 기준들이 제시되어 있습니다. 이를 통해 IKEA 는 아동 노동은 물론 더 폭 넓은 여러 사회적 문제에 적극적으로 대응할 수 있었습니다.

예를 들어, IKEA는 여성 자조 그룹을 통해 지역 사회의 경제적, 사회적 지위를 향상시키고, 신용 접근성과 소득 창출 기회를 제공하여 가족들이 경제적 부담을 덜 수 있게 지원했습니다. 아동들 관련해서는 일 대신 교육을 받을 수 있도록 지원했습니다. 2000년부터 2014년까지 진행된 프로그램을 통해 인도와 파키스탄의 약 150,000명의 어린이가 아동 노동에서 벗어나 교육을 받았습니다.[69]

67)  https://ikeamuseum.com/en/explore/the-story-of-ikea/a-new-compass/
     https://unglobalcompact.org/take-action/action/case-example/101
68)  https://www.scu.edu/ethics/focus-areas/business-ethics/resources/ikea-case-one-companys-fight-to-end-child-labor/
69)  https://www.unicefusa.org/stories/ikea-and-unicef-celebrate-10-years-working-together-india

Marianne Barner와 Jeanette Skjelmose 두 사람의 지속적인 노력 덕분에 IKEA는 아동 노동 문제를 해결하고 윤리적이고 지속 가능한 공급망을 구축할 수 있었습니다. 브랜드 측면에서는 IKEA가 사회적 책임을 다하는 기업으로 자리매김하는 데 크게 기여한 것입니다. 앞서 언급했던 다양한 프로그램을 통해 이런 프로그램들을 통해, IKEA에 대한 지역 사회의 인식을 변화시키는 데도 성공했던 것입니다.

이와 같은 개인들의 '목적' 있는 노력 덕분에 IKEA는 이제 글로벌 기업으로서 윤리적 기준을 강화하고, 사회적 책임을 다하는 모범적인 사례로 자리잡고 있습니다.

이들의 이런 행보는 누가 시켜서 할 수 있는 것이 아닙니다. 바로 '목적'이 있는 삶을 지향하며, 회사 업무 수행시에도 그런 삶의 기조가 연결되어 나타났기 때문에 가능했던 일입니다. 이들의 '목적' 있는 삶의 철학이 단순한 문제 해결을 넘어, 기업의 지속 가능한 변화까지 이끌어내게 된 것입니다. 기업 조직 내 개인 구성원들의 목적 의식이 기업의 큰 변화를 이끌어낼 수 있음을 잘 보여주는 사례입니다.

# 마무리하며

## 다 다르지만, 다 같다!

나이, 성별, 성장 환경, 주변 환경, 지역, 성격·성향, 학력, 개별 능력, 전문성, 직업, 경험 등으로 특징지어지는 우리 개인들의 모습은 다 다릅니다. 결과적으로 각 개인 삶의 모습, 살면서 이루어 낸 것들, 실패한 것들, 이루고자 하는 것들, 무엇인가를 이루는 데에 그들에게 주어진 자원 등도 다 다릅니다.

그런데 그런 차이를 갖고 출발하지만 우리들이 원하는 종착역은 거의 같습니다: 더 뛰어난 능력, 더 행복한 삶, 더 나은 미래!

이런 맥락에서 우리들 스스로는 물론 남들로부터도 인정받을 수 있는 '멋진 성공'을 이루기 위해 도움이 될 만한 이야기들을 살펴보았습니다. 그 배경으로 '목적(Purpose)', '사회', '주변(이해관계자), 세상의 변화 등에 대한 이해를 높일 수 있는 이야기들로 시작했었습니다. 그리고 '멋진 성공'을 추구하고자 하는 사회의 일원으로 살면서 명심해야 할 사회적 가치, 그리고 기업 차원의 CSR과 ESG의 의미와 중요성에 대해서도 간략하게 이야기했습니다.

MZ 세대가 만들어갈 미래에는 '성공'과 '사회적 가치'는 그 어느 시대보다 강한 불가분의 관계가 될 것입니다. 이미 그런 과정이 시작되었는지도 모릅니다. 자신의 인생 프로젝트, 조직 일원으로서 진행하는 프로젝트를 '잘' 하고 그를 통해 개인의, 조직의, 기업의 지속가능성(Sustainability)을 확보하기 위해서는 더더욱 그렇습니다. '멋지고, 지속 가능한(Sustainable) 성공으로 가득한 삶·조직·기업'을 만들어 내기 위해서는 '사회적 가치'라는 안경을 쓰고 세상을 볼 줄 알아야 합니다.

이 책에서 살펴본 내용들이 바로 그것입니다. 출발점에서의 개별적인 차이에도 불구하고 종착지에서 '차이 나는 성공'을 가능케 해주는 기본기에 대한 이야기들입니다.

물론 '성공'을 이뤄낼 수 있게 해주는 모든 내용이 담겨 있는 것은 아닙니다. 제가 다 알지도 못합니다. 수 많은 것 중에서 그 중요성을 경험에서 느꼈던 내용 중심으로 정리해 본 것입니다.

또한 이 책의 내용을 한두 번 읽는 정도로 성공이 담보되는 것도 아닙니다. 여기서 얘기한 기본들을 여러분이 스스로 실행해 보고 그 결과를 토대로 보완해서 반복적으로 행동하는 것이 중요합니다. 아무리 몸에 좋은 음식이라도 씹어 삼켜서 소화를 시킨 후에야 그 효과를 볼 수 있는 것처럼 말입니다.

"성공은 '한 번에 빠르게'가 아닌 '하나씩 바르게'

최근 한 TV 광고의 카피입니다. '한술에 배 부르랴'라는 속담이 말하듯이 그 어떤 것도 견고한 과정 없이 튼튼하게 자리 잡을 수 있는 것은 없다는 것, 여러분들 모두 잘 알고 있을 겁니다.

똑같습니다. '사회적 가치' 안경을 쓰고 세상을 보면서 '멋진 성공'을 이뤄내는 것도 한 걸음, 한 걸음 나가면서 할 수 있습니다. 그렇게 해야 합니다. 그래야 소위 '워싱'이 아닌 '진정성'이 배어 있는 결과를 만들어 낼 수 있고, 그렇게 달성된 것이라야 사상누각처럼 무너지지 않고 지속 가능(Sustainable)할 수 있기 때문입니다.

너무 상투적인 말이지만, '시작이 반'이라는 말을 저는 믿습니다. 여기까지 읽은 독자들이라면 이미 반은 이룬 것입니다. 이제 나머지 반은 '무조건 해보는' 것만 남았습니다. 많은 인기 있는 유튜버들도 '해 보지 않고는 아무 말도 하지 마라. 일단 시작해라. 무조건 해봐라'와 같은 말들을 거의 공통적으로 하고 있습니다. 하지 않으면 아무런 변화도 일어나지 않습니다. 실패도 해본 사람이나 겪을 수 있는 특권입니다.

저도 이 책을 그래서 썼습니다. 다른 책들이 '형편없다. 나라면 그것들보다는 훨씬 좋은 책을 쓸 거다' 같은 얘기만 하고 정작 내 이야기를 책을 쓰지 않는다면 '세상 속의 작은 변화를 일으키겠다'는 제 꿈은 그야말로 꿈으로 끝나겠죠. 이 책이 세상에 나가면 '뭐 이런 걸 책이라고 썼어? 내용이 영 아닌데. 누가 써도 이것보다는 잘 쓰겠다'와 같은 비난이 두렵기도 합니다. 그래서 많이 망설였습니다. 하지만 썼습니다. 그리고 출판했습니다. 그래야 제가 설정한 '멋진 성공'으로 한 걸음이라도 다가갈 수 있을 거란 믿음이 있기 때문입니다. 독자 여러분들도 이렇게 하면 '멋진 성공'으로 조금씩이지만 계속해서 다가갈 것을 확신합니다.

'사회적 가치'란 말이 그리 멋지게 보이지 않을 수도 있습니다. 하지만, 그 안경을 쓰고 세상을 보면서 '목적'이 있는 삶을 기획하고 실행하면 반드시 '멋진 성공'이 기다리고 있을 겁니다. 그리고 그 성공은 지속 가능(Sustainable)할 겁니다.

독자 여러분들의 진정한 '멋진 성공'을 진심으로 기원합니다.

# 더 읽어볼 만한 것들

- 김의영 외 (2023). '사회적 가치 패러다임(서울대학교 사회과학대학 8개 전공 연구 프로젝트)', 박영사

- 장용석 외 (2018), '사회적 가치의 재구성 – 대한민국 사회문제 지도로 사회적 기업의 미래를 그리다', 문우사

- 배종석 외 (2021), 'ESG 시대의 사회적 가치와 지속가능경영 – 기업은 왜 사회적 가치를 추구해야 하는가?', 클라우드나인

- 배성기, 오수길(2020), '사회적 가치와 공기업 혁신', 큰날개

- SK · 중국국유자산감독관리위원회(SASAC) 사회적 가치 공동연구팀 (2021), '기업의 사회적 가치 측정사회적 가치 측정 체계 개발을 위한 한–중 공동의 여정', 메이킹북스

- 김동헌(2018). '성공하는 사회적기업가는 어떻게 혁신하는가 – 혁신으로 사회적 가치와 올바른 성공을 이룬 사회적기업', 도어북

- 닉 크레이그(한영수 역, 2019). '목적 중심 리더십', 니케북스

- 주성수(2022), 'ESG 시대의 CSR, CSV, CSI', 한양대학교출판부

- 김용섭(2022), 'ESG 2.0자본주의가 선택한 미래 생존 전략', 퍼블리온

- 앤절라 더크워스(김미경 역 , 2022), '그릿IQ, 재능, 환경을 뛰어넘는 열정적 끈기의 힘', 비즈니스북스

- 캐럴 드웩(김준수 역, 2023), '마인드셋– 스탠퍼드 인간 성장 프로젝트', 스몰빅라이프

# MZAlpha에 들려주는 성공잡설

**저　자**　허 두 회

**발 행 일**　2025. 08. 04

**출 판 사**　도서출판 애플북

**I S B N**　979-11-93285-48-0(13370)

**발 행 처**　도서출판 애플북